Richard Lakowski

Reichs- und Kriegsmarine geheim 1919–1945

Richard Lakowski

Reichs- und Kriegsmarine geheim 1919–1945

Mit mehr als 200 bisher unveröffentlichten Dokumenten aus den Akten des Amtes Kriegsschiffbau

Brandenburgisches Verlagshaus

Reproduktionsfotograf: Jean Molitor

Lakowski, Richard: Reichs- und Kriegsmarine geheim: 1919–1945
Mit mehr als 200 bisher unveröffentlichten Dokumenten aus den Akten des Amtes Kriegsschiffbau:
von Richard Lakowski. – 1. Aufl. – Berlin: Brandenburgisches Verlagshaus, 1993. – 208 S., 212 Abb.

ISBN 3-89488-031-7

1. Auflage

Printed in Germany
Gesamtherstellung: INTERDRUCK Leipzig GmbH
Gesamtgestaltung: Günter Hennersdorf

Inhalt

Vorwort

Die Geschichte der deutschen Kriegsmarine ist eng mit der des deutschen Nationalstaates verknüpft, als dessen Gewaltinstrument sie entstand, damit sie im Dienste der Politik des Reiches eingesetzt werde. Sie hat im Vergleich zu den Kriegsflotten anderer Staaten keine jahrhundertewährende Geschichte. Doch veränderte sich ihr Gesicht wie auch das der anderen Kriegsmarinen mit dem Gesicht des Seekrieges infolge technischen Fortschrittes in den ersten Jahrzehnten ihres Bestehens schneller und umfassender als in der Zeit davor. Hatte, als sie entstand, gerade der Dampf seinen Einzug in die Flotten gehalten, so kamen bereits vor dem Ersten Weltkrieg mit U-Booten und Flugzeugen, d.h. mit der Unterwassersphäre und der Sphäre des Luftraums über See, völlig neue Dimensionen der Seekriegführung zum Tragen. Der Kriegsschiffbau, seine Technik und Technologie wurden immer abhängiger von den Natur-, technischen und mathematischen Wissenschaften und ihrer Anwendung in der Ingenieurskunst. Kriegserfahrungen sowie Innovationen in Wissenschaft und Technik spielten eine eminente Rolle für die 1919 aus den Trümmern der Kaiserlichen Marine hervorgegangene Reichsmarine und ihre Nachfolgerin Kriegsmarine.

In der vorliegenden Dokumentation wird adäquat mit der über die U-Boote an Hand von Unterlagen des Hauptamtes Kriegsschiffbau der Werdegang der deutschen Kriegsmarine von 1919 bis 1945 nachgezeichnet. Das gewonnene Bild ist weder lückenlos, noch kann es als abgeschlossen gelten. Es erhält, wie schon das der Dokumentation über die U-Boote, seinen besonderen Reiz durch die Originalität der Werftfotos und des übrigen Materials.

Beim Hauptamt Kriegsschiffbau waren angesiedelt Entwerfen, Auftragserteilung an die Werften, Kontrolle der Bauausführung einschließlich Bauaufsicht und Abnahme. Es hatte seinen Sitz im Berliner Shell-Haus am Tirpitzufer in der Nähe des Dienststellenkomplexes Bendlerstraße. Vom letzten Chef des Amtes, Admiral Ruge, wissen wir, daß «die neueren Akten» vernichtet wurden, als die Rote Armee sich der Reichshauptstadt nahte. Seit Kriegsende galt der für die deutsche Marinegeschichte bedeutsame Fundus der Akten des Amtes Kriegsschiffbau als verschollen. Überraschend erhielt im Jahre 1989 das damalige Militärarchiv der DDR aus der UdSSR die erhalten gebliebenen Bestände zurück. Dank der verdienstvollen Arbeit der Potsdamer Archivare konnten sie in kürzester Zeit der wissenschaftlichen Nutzung zugänglich gemacht werden.

Die Unterlagen des Amtes erwiesen sich als wichtige historiografische Quelle der deutschen Militär- und Marinegeschichte insbesondere vom Aspekt der Technikgeschichte. Bei eingehenderer Arbeit mit dem Bestand, der von 1945 bis 1989 in der Nähe von Sankt Petersburg (damals Leningrad) eingelagert war, wurde augenfällig, daß die zentralen Unterlagen des Amtschefs fehlen, dagegen sich Einzelstücke aus dem Reichsministerium für Bewaffnung und Munition sowie der Danziger Werft vorfinden. Vielleicht wird eines Tages das fehlende Material in den bei Moskau gelegenen Archiven aufgefunden und zugänglich.

Die Veröffentlichung des Materials – sie umfaßt

auch bei den Überwasserschiffen nur einen kleinen Teil – fügt bekannten Fakten neue Details hinzu und vermittelt dem Leser einen Eindruck von der Beschaffenheit dieses Archivgutes in Originalgestalt. Seine Auswertung durch die entsprechenden sowjetischen Dienststellen nach dem Mai 1945 zeigt, welches Gewicht in der damaligen UdSSR diesen Quellen und den Erfahrungen des Gegners beigemessen wurde.

Der Autor dankt der Leitung und den Mitarbeitern des Bundesarchivs – Militärisches Zwischenarchiv Potsdam für die Unterstützung. Sein Dank gilt vor allem dem Brandenburgischen Verlagshaus, insbesondere Herrn Klaus Dorst, deren Interesse und Hilfe die Entstehung des Buches und seine Herausgabe erst ermöglichten.

Richard Lakowski

Von der Reichs- zur Kriegsmarine 1919 bis 1935

Kriegsende und Neuaufbau der Marine

Mehr noch als für das Heer und die gerade entstehende Luftwaffe war für die deutsche Marine der Erste Weltkrieg ebenso traumatisches Ereignis wie Höhepunkt ihrer bisherigen Geschichte. Die Marine war so jung wie das 1871 aus der Taufe gehobene Deutsche Reich, dessen Seemacht sie war. Im Gegensatz zum preußisch-deutschen Heer konnte die deutsche Flotte auf keine weit zurückreichende Tradition bezüglich Niederlagen und Siegen zurückblicken. Selbstverständlich hatten die deutschen Küstenstaaten stets einen lebhaften Seehandel mit zahlreichen eigenen Schiffen betrieben. Kriegsflotten aber hatte es nur zeitweilig und in sehr begrenztem Umfange gegeben. Während Österreich, der eine der beiden großen deutschen Teilstaaten, sich zur See durch die venezianische Marine repräsentieren ließ, begann Preußen, der andere bestimmende deutsche Teilstaat, erst im 19. Jahrhundert sehr vorsichtig mit dem Aufbau einer Flotte. Eine der Reichs- bzw. der Bundesarmee vergleichbare maritime Einrichtung der sehr schwachen Zentralgewalt in Deutschland hatte es mit Ausnahme der Flotte des Jahres 1848 als Kind der deutschen Revolution bis zur zweiten Hälfte des 19. Jahrhunderts nicht gegeben. Der aus der preußischen Flotte und der Flotte des Norddeutschen Bundes hervorgegangenen Kaiserlichen Marine mangelte nicht nur die Geschichte, sondern auch die Kriegserfahrung und Seefahrttradition. Alles an der deutschen Flotte war neu, woraus sich manche Vorteile ergaben, so vor allem auf technischem Gebiet. Neu waren ebenfalls die Methoden, womit der Aufbau der Flotte und die zunehmende Flottenrüstung propagiert wurden. Nachteilig wirkte sich die fehlende Erfahrung vor allem bei der Ausbildung und Erziehung des Personals aus. Der Erste Weltkrieg bot der mit hohem Kostenaufwand geschaffenen Marine die Chance der Bewährung. Dieser Krieg endete mit der Niederlage auch der Marine, was sich auf das Selbstverständnis des Offizierskorps gravierend auswirken sollte. In den Augen einer wenig vom Seekrieg verstehenden Öffentlichkeit war die Flotte, wozu die Flottenpropaganda mit dem Bild von der alles entscheidenden Seeschlacht nicht wenig beigetragen hatte, im Unterschiede zum Heer ihrer Aufgabe nicht oder nur zum Teil nachgekommen.

In den turbulenten Jahren von 1918 bis 1923 war die Marine vor allem bezüglich der Frage, ob sie fortexistieren solle, Zerreißproben ausgesetzt. Der im Versailler Vertrag dem Reich zugestandene Schiffsbestand samt Personal war begrenzt, bot jedoch trotz der Nachkriegswirren durchaus die Möglichkeit der Weiterentwicklung. Die juristische Grundlage für eine neue Flotte legte die Reichsregierung mit dem Gesetz und der Ausführungsverordnung über die Bildung einer vorläufigen Reichsmarine vom 16. April 1919. Der endgültige gesetzliche Rahmen war mit dem vom Reichstag beschlossenen und mit Zustimmung des Reichsrats verkündeten Wehrgesetz vom 23. März 1921 gegeben. Mit diesem Gesetz war die Wehrpflicht abgeschafft. Es bestimmte die Reichswehr zur Wehrmacht der Deutschen Republik. Diese

Wehrmacht setzte sich aus dem Reichsheer und der Reichsmarine zusammen. Die Reichsmarine sollten 15 000 Mann einschließlich 1 500 Offizieren und Deckoffizieren bilden. Als Flotte waren im Versailler Vertrag 6 Linienschiffe zu je 10 000 t, 6 kleine Kreuzer mit jeweils 6 000 t, 12 Zerstörer mit jeweils 800 t und 12 Torpedoboote mit je 200 t zugebilligt. Das stärkste Kaliber der Linienschiffsartillerie war auf 28 cm und das der Kreuzer auf 15 cm begrenzt. Die Dienstzeit für Soldaten sollte 12 und für Offiziere 25 Jahre betragen.

In der Marineführung war man sich der hieraus resultierenden Lage durchaus bewußt. Sie machte sich zur Aufgabe, aus den personellen und materiellen Überbleibseln der Kaiserlichen Marine dem gegebenen Rahmen entsprechend eine zuverlässige Truppe aufzubauen. Damit sollten Vorbedingungen dafür geschaffen werden, die Marine wieder zu vergrößern, sobald dies die Umstände erlaubten. Vizeadmiral Hans von Zenker faßte das in der Schlußbetrachtung zu den Herbstübungen und zum Ausbildungsjahr 1923/24 in die Worte: «Unsere Aufgabe ist, schon jetzt geistige Seemacht zu werden und zu bleiben, den Blick weiter auf den Ozean gerichtet zu halten über die Küstengewässer hinaus. Dann wird dereinst der Wiederaufbau der materiellen Seemacht schnell, folgerichtig und den Erfolg gewährleistend möglich sein.»

Um in der Ausbildung und im Aufbau bis an die durch die Bestimmungen des Versailler Vertrages gesetzten Grenzen gehen zu können, forcierte die Marineleitung ungeachtet der materiellen Situation des Volkes die Indienststellung von Schiffen und Booten, wie sie ebenfalls so frühzeitig wie möglich den Bau neuer Einheiten veranlaßte. Bereits 1921 wurden der Kreuzer «Emden» und einige Torpedoboote in Bau gegeben. In der Entwicklung wurde damit unmittelbar an die entsprechenden letzten Weltkriegstypen angeknüpft. Die auf die «Emden» in dieser Klasse folgenden Kreuzer zeichneten sich durch folgende Neuerungen aus. Die Schiffskörper der «Königsberg», «Karlsruhe» und «Köln» wurden zu großen Teilen elektrisch geschweißt. Außerdem bekamen diese Schiffe Drillingstürme mit zentraler Feuerleitung und für die Marschfahrt einen schnellaufenden Dieselmotor pro Welle.

Bei der Entscheidung von Fragen, «die unsere Zukunft bis in weite Ferne beeinflussen müssen», wie der damalige Chef der Admiralität, Adolf von Trotha, im Oktober 1919 unter anderem ausführte, spielten die Erfahrungen aus dem Ersten Weltkrieg eine bedeutende Rolle. Ihre Auswertung erwies sich jedoch zunächst als problematisch. Aus Furcht vor der negativen öffentlichen Meinung der Marine gegenüber und vor gegensätzlichen Tendenzen in den eigenen Reihen schien eine kritische Aufarbeitung zunächst nicht opportun. Als in der zweiten Hälfte der zwanziger Jahre die Auswertung der Kriegserfahrungen intensiviert werden konnte, richtete sie sich vor allem auf folgende Fragen. Weshalb war die Schlachtflotte fast nicht zum Einsatz gekommen? Welchen operativen Vorstellungen gemäß sollte die künftige große Marine aufgebaut und ausgebildet werden?

Zunächst mußte erst einmal das Personal auf das vom Gesetz vorgeschriebene Maß verkleinert, die Einsatzbereitschaft des zugestandenen Schiffsbestandes sowie des Marinematerials wieder hergestellt und die Zuverlässigkeit des Personals an Bord und an Land durch sorgfältige Auswahl, Ausbildung und Erziehung gewährleistet werden. Letzteres bildete eine Aufgabe, die mit der Wiederherstellung der Einsatzbereitschaft des Materials in seiner Bedeutung zumindest gleichrangig war. Auch hierbei nahm der vergangene Weltkrieg, nahmen seine Lehren und sein Erleben einen besonderen Platz ein. Der Schock der Novemberereignisse des Jahres 1918 war für das Offizierskorps so nachhaltig, daß Menschenführung von allergrößter Bedeutung für die Marine wurde. Dabei konnte auf einen nicht unbeträchtlichen Stolz der Marineangehörigen auf die Leistungen, die sie gegenüber dem seebeherrschenden Großbritannien erbracht hatten, zurückgegriffen werden. Deutlich wird dies Gefühl in einem erhalten gebliebenen Brief, worin ein Matrose über die Skagerrak-Schlacht vom 21. Juni 1916 schreibt:

«... Am Sonntag den 28.5. ging der Stab, von ‹Seydlitz› auf ‹Lützow› über, da wieder eine Unternehmung geplant ... Die See war ziemlich ruhig. Ich trug tagsüber weißes Arbeitszeug, da Mutter meine blaue Garnitur kürzlich erst gewaschen hatte, wollte ich sie deshalb schonen und mich erst gegen Abend umziehen. Die letzte Wache hatte ich am 31.5. von 12 – 4 Uhr nachmittags. Da auf Wache wenig zu tun war, las ich ein Ullstein-Buch, ‹Flieger›. Ich hatte das Buch um 4 Uhr, als ich abgelöst wurde, noch nicht bis zu Ende gelesen, da es sich aber sehr spannend las, ging ich ins Stabsdeck, in dem wir wohnten und schliefen, und wollte es dort noch auslesen. Nachher hatte ich vor, mich noch umzuziehen. Während des Lesens kam ein Signalgast hereingestürzt und rief das Signalpersonal herbei, damit sie sich auf ihre Gefechtsstation begeben sollten, denn es seien vier feindliche Rauchwolken gesichtet worden ... 5.47 Uhr feuerte ‹Lützow› die erste Salve ab, deren Schlag auf Schlag weitere folgten. Das Gefecht konnte 1 Stunde gedauert haben und wir hatten noch keinen Treffer. Die Engländer, welche in uns die ‹Hindenburg› vermuteten, hatten sich nun aber eingeschossen, denn wir bekamen nun Treffer auf Treffer. Da unser Sender versagte, mußten wir den Reservesender klarmachen und in den FT-Raum bringen ... Wir waren noch keine fünf Minuten im Turmunterbau als der Oberleutnant von oben zu uns sagte, es sollte einer nachsehen, ob die Hauptstation ausgefallen wäre ... Als ich endlich den Gang passiert hatte und in den FT-Raum gehen wollte, sah ich schon die Bescherung. Die Türfüllung mit Tür war verschwunden, davor lagen drei liebe Kameraden von mir, tot. Von oben lief Wasser. Der Raum selbst war stockfinster ... Wir hatten auf ‹Lützow› bei den vielen Verwundeten keinen unverwundeten Arzt mehr. Das ganze FT-Personal hatte sich nun bis auf die Wache oben, im Turmunterbau versammelt. Nach kurzer Zeit schlug unter uns eine Granate ein ... stockfinster war es auch hier ringsum. Du weißt es nicht zu schätzen Tageslicht zu haben. Hier standen wir nun. Ich wünschte nur noch, daß alles kurz und schmerzlos vorübergehen möchte ... Da ‹Lützow› durch die Treffer nicht genügend Seemeilen zurücklegen konnte, ging der Stab auf Torpedoboot (ungefähr 8.30 Uhr) ... Viertel nach 11 Uhr dunkelte es erst. Um diese Zeit ungefähr gingen wir an Bord von ‹Moltke› ... Am nächsten Tag gegen 3 Uhr nachmittags fuhren wir mit Musik im heimatlichen Hafen ein.»

Soweit die persönlichen Erinnerungen eines Teilnehmers der größten Seeschlacht des Krieges. Der zitierte Seemann blieb bei der Marine und nahm Ende Juli/Anfang August 1921 auf der «Medusa» an einer der ersten Auslandsreisen der Reichsmarine nach Schweden teil. Der in Privatbesitz befindliche Bericht wie auch ein weiterer über den Einsatz der «Medusa» zur Rettung von Handelsschiffen, die im Januar 1922 im Rigaer Meerbusen vom Eis eingeschlossen waren, verdeutlichen, auf welche Moral beim Aufbau der Reichsmarine aus der ungewöhnlichen Sicht des Mannschafts- bzw. Unteroffiziersdecks zurückgegriffen werden konnte.

Der Hebung des Ansehens der Reichsmarine im In- und Ausland dienten auch wissenschaftliche Forschungsreisen. Zu den bekanntesten Unternehmen dieser Art zählen die Reisen der «Meteor». Über ihre Verwendung als Forschungsschiff ist aus dem Amt Kriegsschiffbau folgendes Dokument erhalten:

«Der Herr Chef der Admiralität hatte im August 1919 auf einen Vortrag des Vorstandes der Nautischen Abteilung dahin Entscheidung getroffen, daß das Kanonenboot Meteor als Vermessungs- und Forschungsschiff ausgebaut werden solle.

Nach Fertigstellung des Schiffes ist beabsichtigt, es auf etwa drei Jahre als Forschungsschiff ins Ausland zu entsenden. Die Propaganda für die Reise soll derart in die Wege geleitet werden, daß Prof. Dr. Merz, der als wissenschaftlicher Leiter vorgesehen ist, zunächst durch private Fühlungnahme mit den wichtigsten Stellen in Verbindung tritt. Als solche kommen in Betracht: Die Akademie der Wissenschaften in Berlin, Gesellschaft der Wissenschaften zu Leipzig, Heidelberg, Göttingen, Königsberg u. a. Es soll darauf hingewiesen werden, daß es im nationalen Interesse von Wichtigkeit ist, daß die Marine die Reise ausführt und organisiert, weil sich so eine gute Gelegenheit bietet, die Flagge wieder im Auslande zu zeigen. Zweckmäßig geht also die Anregung zur Verwendung des ‹Meteor› für die Reise nicht von der Marine aus, sondern die Wissenschaft muß an die Marine mit dem Wunsche herantreten, den ‹Meteor› für die Reise zur Verfügung zu stellen.

Prof. Dr. Merz hat den Plan der Reise bereits dem Reichsminister des Innern vorgelegt. Der Minister hat sich zustimmend geäußert, jedoch darauf hingewiesen, daß die Aufbringung der Mittel in weitem Umfange der Privatinitiative überlassen bleiben muß. Einrichtung der ‹Meteor› als Forschungsschiff.

a) Einrichtung des Schiffes:

Konstruktions-Deplacement etwa	1 200 t
Länge über alles	71 m
Breite	10,2 m
Tiefgang etwa	3,3 m
Takelage: Schonertakelage	(1 vollgetakelter Fockmast, 2 Masten mit Gaffeltakelage).

Vorläufige Bootsausrüstung:

1 Motorboot Kl. III
1 Dampfbeiboot Kl. II
1 Kutter Kl. II
2 Jollen Kl. II
1 Torpedobootsdingi

Bewaffnung: 20 Gewehre, 10 Pistolen, je 100 Schuß Gewehrmunition, je 50 Schuß Pistolenmunition.

Maschine: Vorgesehen sind 2 Dieselmotoren von je 250 PS in handelsschiffsmäßiger Ausführung, die dem Schiff eine Geschwindigkeit von 10–11 sm geben soll bei einem Aktionsradius von 8 000–9 000 sm.

Wissenschaftliche Ausrüstung: Zwei große Motorlotmaschinen, ozeanographische Heißtrommel, sowie die gesamte Ausrüstung zur Vornahme ozeanographischer und biologischer Untersuchungen.

Eine Motordrachenwinde und Ausrüstung zur Ausführung metereologischer Beobachtungen.

Ladebaum zum Aussetzen von Vermessungsbojen.

Baukosten: Die Kosten des Umbaus betragen etwa 19,5 Mill. Mark.

b) Vorläufige Besatzung:

Stab: Offiziere und Beamte: 8 Personen

Wissenschaftlicher Stab:

1 Leiter
2 Hydrographen
2 Meteorologen
1 Biologe
1 Geologe

Personen:

Unteroffiziere und Mannschaften 121
Personen zusammen: 136

Dazu das kontraktliche Personal: 2 Köche, 1 Kellner, 1 Barbier.

c) Ungefähre Kosten der 3jährigen Reise:

Wissenschaftliche Ausrüstung	1 500 000 M
Wissenschaftliche Vorbereitung	200 000 M
Gehälter und Ausrüstung des wissenschaftlichen	
Stabes a) Gehalt	720 000 M
b) Ausrüstung	140 000 M
Veröffentlichung der Forschungsreise	600 000 M
3 Bearbeiter 2 Jahre lang	200 000 M
Brennstoff (Öl) für 80 000 sm	
1 Tonne = 4 000 M	5 500 000 M
450 Tonnen Kohle zu 500 M	250 000 M
Verpflegung der Besatzung	8 000 000 M
Instandhaltung des Schiffes für 3 Jahre	850 000 M
	17 960 000 M
	oder rund 18 000 000 M

d) Fahrbereitschaft des Schiffes:

Es ist damit gerechnet, daß das Schiff etwa 1½ Jahr nach Baubeginn fertiggestellt ist. Daran anschließend zur militärischen Ausbildung der Besatzung und zur Erprobung der maschinellen und wissenschaftlichen Einrichtung ½ Jahr, so daß 2 Jahre nach Baubeginn das Schiff zur Fahrt ins Ausland bereit ist.

e) Wissenschaftliche Vorbereitung:

Die wissenschaftliche Vorbereitung des wissenschaftlichen Stabes wird etwa 2 Jahre in Anspruch nehmen, die Kosten werden teils auf den Fond für die wissenschaftliche Ausrüstung, teils auf den Fond für die Reise selbst übernommen werden. Die wissenschaftliche Ausbildung des militärischen Stabes wird ein Jahr beanspruchen.»

Der Aufbau der Führungsstäbe sowie der im Versailler Vertrag zugestandenen Marineteile und Einrichtungen war Mitte der zwanziger Jahre abgeschlossen. Das innere Gefüge der Besatzungen und Landtruppenteile hatte sich stabilisiert und das Gros der erlaubten schwimmenden Einheiten und Verbände war in Dienst gestellt. 1925 taten 4 Linienschiffe («Hessen», «Braunschweig», «Elsaß» und «Hannover») 4 Kreuzer («Nymphe», «Amazone», «Berlin», «Hamburg»), und 24 große Torpedoboote Dienst. Hiervon ausgehend, betrieb die Marineleitung den weiteren Ausbau auf folgendem Parallelkurs. Erstens: weitestgehende Modernisierung des vorhandenen Materials sowie Herstellung von dessen Mobilisierungsbereitschaft anhand der Kriegserfahrungen. Zweitens: Schaffung der theoretischen und soweit angängig auch der praktischen Grundlagen des Baues neuer Schiffe, die den Kategorien der Typen der mit Sicherheit erwarteten großen deutschen Flotte entsprechen sollten.

Die ersten Neubauten waren von ihrer Grundkonzeption noch Bauten des Ersten Weltkrieges bzw. der Vorkriegszeit, wenn auch den Lehren des Krieges in vielen Einzelheiten, soweit es das Material und die Finanzlage erlaubten, Rechnung getragen wurde. Das Ausmaß der kleineren und größeren Neuheiten, die nicht selten noch im Kriege genutzt wurden, war beträchtlich. Einen Eindruck hiervon vermittelt die Liste für das Artilleriematerial, die der Assistent des Artilleriedirektors der kaiserlichen Werft in Kiel, Kapitänleutnant Kiesel, im November 1918 zusammengestellt hat. Sie reicht bei den elektrischen «Fernricht- und Feuerleitungsanlagen» von der Richtungsweiseranlage über die Schiebefolgezeiger- und die Kreiselfolgezeigeranlage, das Abfeuergerät bis zum Zentral-Kreisel mit Vorzünder-Einrichtung am Geschütz und umfaßt 19 Positionen. Bei den «Befehlsübermittlungsanlagen», einer Schwachstelle der schweren Artillerie seit Tsushima, sind es 25 Positionen, darunter auch solche für die erst im letzten Weltkrieg entwickelte Flak. Für das «Geschützrohr- und Lafettenmaterial» gehen aus dem Material des Amts Kriegsschiffbau 22 Positionen hervor. Verbessert wurden weiter die Visiermittel, die Entfernungsmeß- und Beobachtungsgeräte sowie die Prüf- und Ausbildungsmittel.

Diese unvollständige Aufzählung verdeutlicht den Innovationsschub, dem allein die Schiffsartillerie im Verlaufe des Krieges unterworfen war. Beachtet man die weiteren Komponenten des Kriegsschiffes, die Maschinenanlage, die Funkanlage, die schiffbauliche Komponente, die Navigation usw., so lag eine Fülle von Neuerungen vor, die die Reichsmarine bei weitem nicht verwerten konnte.

Von größter Bedeutung waren bei den Vorarbeiten für den Mobfall die im Kriege entwickelten neuen Schiffstypen. Sie standen während der zwanziger Jahre im Mittelpunkt des Interesses der Marineplaner. Vor allem dann, wenn sie eine möglichst kurze Bauzeit besaßen und eine Technologie zuließen, die bereits vor einem Konfliktfall ohne nachweisbare Verletzung der Versailler Bestimmungen vorbereitet werden konnte.

Hiervon versprach man sich eine kurzfristige Verstärkung der Flotte, deren Kern trotz aller Modernisierung aus veralteten Schiffen bestand. Hieran knüpft auch das Bestreben an, den U-Bootbau nahtlos zu sichern.

Im Falle der Überwasserschiffe war die Situation komplizierter. Hier waren die Chancen für illegale Vorarbeiten weitaus geringer. Ausgenommen hiervon waren Schiffe unter 200 Tonnen Verdrängung. Sie waren nicht von den Versailler Bestimmungen erfaßt und wurden daher nicht von der Interalliierten Militärkontrollkommission überwacht. Obwohl die Anzahl der Torpedoträger vertraglich festgelegt war, bot sich auch hier ein Ausweg.

Die S-Boote hatten im verflossenen Krieg ihre Kampfeigenschaften insbesondere in den Kanalgewässern und im Mittelmeer unter Beweis gestellt. Die Marine nahm die Ruhrbesetzung zum Anlaß, die in Deutschland noch greifbaren oder im Bau befindlichen Boote aus dem Ersten Weltkrieg aufzukaufen. Vier konnten fahrbereit gemacht werden und absolvierten eine viertägige Übung, deren Ergebnisse große Erfolgsaussichten bei günstigen Wetterlagen eröffneten. Im September 1925 wurden vom Amt Kriegsschiffbau drei Werften aufgefordert, Pläne für einen größeren Bootstyp einzureichen. Von den Vorschlägen wurden schließlich die Entwürfe der Firmen «Lürssen» und «Trayag» ausgeführt. 1926 waren acht S-Boote zur Erprobung klar. Diese verlief, obwohl außer einem erfahrenen Maschinisten nur Schüler der Yachtschule Neustadt an Bord waren, ohne größere Havarien. Sie war die erste «große systematisch durchgeführte 14tägige Übung» auf die eine weitere 1927 folgte. Im Frühjahr 1928 übernahm die Reichsmarine die ersten S-Boote größeren Typs.

Damit hatte ein Bootstyp in die Reichsmarine Eingang gefunden, der mit anderen weitaus stärker den Seekrieg von 1939 bis 1945 prägen sollte als die Großkampfschiffe, die im Mittelpunkt der Aufmerksamkeit von Strategen und Ingenieuren der Reichs- und Kriegsmarine standen. Der Bau von S-Booten sowie anderen kleineren Einheiten galt als Notbehelf, diktiert von der momentanen eigenen Schwäche. Zudem steckte er voller Probleme. Ein 1931 gehaltener Vortrag aus dem Aktenbestand des Amtes Kriegsschiffbau über die Kriegsfertigung von Marinefahrzeugen und Maschinen macht dies besonders deutlich.

Ausgehend von der Situation in der Werftindustrie wird festgestellt, daß die «notwendige Kriegsfertigung von Marinefahrzeugen und Maschinen im Bedarfsfalle» von der Privatindustrie ausgeführt werden müsse. Es wird folgende Übersicht der für Kriegsfertigung geeigneten Werften gegeben: An der Weser, die Deschimag, der Bremer Vulkan und die Atlas-Werke. Von den Elbewerften werden Blohm & Voss Hamburg, die Howaldtswerke A.G. Kiel und die Deutsche Werft erwähnt. Aus Kiel sind es die Deutschen Werke A.G., die Germania-Werft sowie die Howaldtswerke A.G. Die Ostseeküste ist nur mit Henry Koch, Lübekker Maschinenbaugesellschaft, Flenderwerke A. G. und den Oderwerken Stettin vertreten.

Gemäß dem grundsätzlichen Ausgangsfaktor «kurze Bauzeit» (nicht länger als ein Jahr) wurde für den Bedarfsfall, d.h. den Kriegsfall, der Bau folgender Fahrzeuge vorgesehen: Torpedo-Kleinschnellboote, Minen-Kleinboote, U-Boote und Fischdampfer. Um den Bau sofort aufnehmen zu können, sollte ein vollständiger Satz Zeichnungen vom jeweiligen Bootstyp bereit liegen, wobei nur solche Fahrzeuge gebaut werden sollten, von denen ein Typschiff vorhanden war, «das bereits auf militärische Brauchbarkeit erprobt» worden war. Hierzu liegen folgende Feststellungen vor:

«Für das Torpedo-Kleinschnellboot, kurz TK-Boot genannt, ist in diesem Jahre ein Typboot, nämlich UZS 16, fertiggestellt. Dieser Typ ist zwar nur für den Bau von einigen wenigen Booten im Kriege gedacht, während das eigentliche Typboot der TK-Boote erst im kommenden Etatjahre gebaut werden wird. Der Typ UZS 16 ist ein Holzboot und hat etwa 45 t Deplacement und eine Maschinenanlage von 3mal 1000 PS, Leichtölmaschinen der Firma Daimler-Benz. Ein Bau dieser Motore im A-Falle ist nicht beabsichtigt, besonders, da Daimler-Benz im Grenzgebiet gelegen ist. Die fertigen bei der Firma bei Kriegsbeginn vorratslagernden Motoren dieser Type sollen ... in möglichst schnell fertigzustellende Bootskörper Typ UZS 16 eingebaut werden. Außerdem ist das Maschinenfundament dieser Boote für die Aufstellung der 550 PS Maybach Zeppelin-Leichtölmotore eingerichtet. Auch hier sind die vorhandenen Vorratsmotoren für die Marinezwecke vorbehalten. Auf diese Weise ist es möglich, schon nach etwa drei Monaten die ersten vier bis sechs Schnellboote frontklar zu haben, da gewöhnlich die Bauzeit der Boote durch Neufertigung der Motoren stark verlängert wird.

Im kommenden Etatsjahr werden voraussichtlich 5 Torpedo-Kleinschnellboote, die als eigentliche Typboote für die Kriegsfertigung vorgesehen sind, gebaut werden. Diese Boote werden ein Deplacement von etwa 50 t und als Antrieb 3 Dieselmotoren von je 1200 PS erhalten, womit die Boote eine Höchstgeschwindigkeit von 36 sm erzielen werden. Auf die Motorenfrage möchte ich später noch gemeinsam eingehen.

Die ersten Boote dieses Typs werden im Bedarfsfalle nach sechs Monaten fahrbereit sein können, wobei mit einer Neufertigung von Bootskörpern und Motoren gerechnet ist.

Neben den ebengenannten Torpedo-Kleinschnellbooten besteht noch die Absicht, eine kleine Anzahl von kleineren etwa 20 t Booten für den gleichen Zweck zu bauen. Auch hierfür sollen vorhandene Motoren aus der laufenden Automobilfertigung der Firmen Daimler-Benz bzw. Maybach von etwa 150 bis 200 PS genommen werden. Der Bau eines Typboots hierfür steht noch aus.

Als weiteres ist der Bau von Minen-Kleinbooten nach dem Typ vorgesehen, der in diesem Jahre als Torpedofang-Boot sowie ein zweites als Motorschnellschlepper gebaut worden ist. Diese Boote, deren Bootskörper ebenfalls aus Holz bestehen, haben ein Deplacement von etwa 35 t und eine Geschwindigkeit von etwa 12 sm bzw. 18 sm ohne Gerät. Sie haben eine Maschinenanlage von 2 Dieselmotoren je 300 PS. Die Fertigstellung der ersten Boote dieser Art wird im A-Falle bereits nach 2–3 Monaten möglich sein.

Als Typboot der Minenboote alter Art ist die Serie der Boote M 125 und M 126 vorgesehen. Diese Boote haben ein Deplacement von 525 t und eine Maschinenanlage von 2 mal 800 PS Kolbendampfmaschinen mit Kohlekesseln.

Die ersten Boote werden nach etwa sechs Monaten fertiggestellt sein können ... Zur Bewachung und für verschiedene andere Zwecke werden im Kriege eine große Anzahl Fischdampfer und Schlepper benötigt, die bei Beginn des Krieges der Handelsflotte entzogen werden müssen. Als Ersatz hierfür sollen im A-Falle eine Reihe dieser Fahrzeuge neu gebaut werden. Ein bestimmter Typ hierfür ist nicht vorgesehen, sondern die Bauwerften, – Spezialfischdampferwerften – sollen ihren eigenen Typ von etwa 500 t und einer 800 PS Motoren- oder Dampfmaschinenanlage bauen. Auf diese Weise werden bei Kriegsbeginn keine Schwierigkeiten mit Zeichnungen und eventuell Einarbeiten der Werften entstehen ...

Ich habe Ihnen ein Bild der zur Zeit beabsichtigten Typen der Neubauten von Marinefahrzeugen und Maschinen im A-Fall gegeben. Sieht dieses im Verhältnis zu den Bauleistungen des letzten Krieges auch zunächst gering aus, so ist doch bei den heutigen Werftschwierigkeiten die Unterbringung bei den Werften nicht leicht. Das Programm sieht den Bau folgender monatlicher Anzahl von Fahrzeugen vor:

8 Torpedo-Kleinschnellboote
9 Minenkleinboote
8 Minenboote alter Art
5 U-Boote
3 Torpedoboote
10 Fischdampfer ...

Wegen der traurigen Lage der Industrie und besonders der Werftindustrie treten überall starke Schwierigkeiten bei der eventuellen Fertigung und auch schon bei den Vorbereitungen im Frieden auf. Erfreulich ist es aber zu merken, daß die maßgebenden Herren der Werftindustrie gern bereit sind, durch friedensmäßige Besprechungen und Mitarbeit dazu beizutragen, eine Kriegsfertigung vorzubereiten und Mittel ersinnen, die Anlaufszeiten zu verkürzen. Ich persönlich habe das feste Vertrauen, daß die Werften und Schiffsmaschinenfirmen im Bedarfsfalle sofort ihre volle Arbeitskraft für die Kriegsfertigung einsetzen und die Forderungen der Marine an Neubauten, soweit es in ihrer Macht steht, erfüllen werden.»

Die unter Überwindung beträchtlicher Schwierigkeiten als Sofortprogramm erarbeiteten Baupläne widerspiegelten, hierauf sei nochmals hingewiesen, nicht die entscheidende Richtung der strategischen und operativen Grundkonzeption der Marineleitung und ihrer Baupolitik. Doch sollten gerade diese Bemühungen um den Bau von Kleinfahrzeugen später, im Verlaufe des Zweiten Weltkrieges, von eminenter Bedeutung für die Kriegsmarine werden.

Von der Reichs- zur Kriegsmarine

In einem Dokument der Kriegswissenschaftlichen Abteilung des Oberkommandos der Kriegsmarine, das nach Beginn des Zweiten Weltkrieges abgefaßt wurde, heißt es zu dieser Übergangsperiode:

«Die deutsche Marineleitung hatte aus den schmerzlichen Erfahrungen des ersten Weltkrieges die notwendigen Schlußfolgerungen gezogen. Schon lange vor Ausbruch des Krieges hat sie die oberste Führung nicht darüber im Zweifel gelassen, daß, für den Fall eines Krieges gegen die Westmächte, die Besetzung der französischen Küste, und zwar nicht nur der Kanalküste, sondern bis einschließlich Brest, als unentbehrliche Voraussetzung für einen siegreichen Ausgang des Krieges angesehen werden müsse ... Hand in Hand mit der operativen Planung ging die neuzeitliche Schiffbaupolitik der deutschen Marineleitung. Die aus dem ersten Weltkrieg gewonnene Erkenntnis, daß die neu zu schaffende Flotte nicht wieder eine ‹Nordseeflotte› werden durfte, sondern auch zu ozeanischer Kriegsführung befähigt sein müßte, für die großer Aktionsradius und hohe Geschwindigkeit die unerläßlichen Voraussetzungen wären, führte zu einer sehr viel höheren Bewertung dieser beiden Elemente des Kriegsschiffbaus, als dies zur Zeit der Flottenschöpfung des Großadmirals von Tirpitz der Fall war.

Noch unter den Fesseln des Versailler Vertrages entstand, sobald die Entwicklung der Technik die Möglichkeit dazu bot, der Typ des 10 000 t Panzerschiffs der Graf Spee-Klasse, bei dem der Aktionsradius und die davon abhängige Seeausdauer so groß sind, wie bisher seit den Tagen der Segelschiffahrt nicht wieder erreicht worden war. Ihr folgten, sobald die Fesseln des Versailler Diktats sich lokkerten und schließlich ganz fielen, die Schweren Kreuzer und die Schlachtschiffe ...»

Jedoch verlief die Entwicklung weniger geradlinig, wie aus diesem Dokument gefolgert werden könnte. Aus technischen und Umständen der Fertigung resultierte, daß der Aufbau einer wie auch immer gearteten Flotte sehr teuer und langwierig sein würde. Jedes Schiff wurde auf der Grundlage unausgereifter operativer Vorstellungen gebaut, für deren Durchsetzbarkeit es zur Zeit der Kiellegung keine ausreichende praktische Handhabe gab. Es sollte sofort Zuwachs an Kampfkraft bringen und zugleich in eine spätere Gesamtkonzeption von einer modernen Flotte passen. Für die Marineleitung hieß das, zwei grundlegende Aufgaben in einem Zuge zu lösen. Einerseits war die Grundrichtung des Flottenbaues zu klären und für entsprechende Schiffsneubauten zu sorgen. Anderseits waren die Voraussetzungen für einen sofortigen Kräftezuwachs zu schaffen. Letzteres führte zu den erwähnten Bemühungen um den Bau von Klein- und Hilfsfahrzeugen wie U- und S-Booten, Fischdampfern u.ä., die im Bedarfsfalle schnell gebaut und, verglichen mit dem Aufwand für ihren Bau, relativ wirksam eingesetzt werden konnten.

Selbstverständlich war die Flotten- und Schiffbauplanung nicht allein ein internes, ein Marineproblem. Sie berührte in bedeutendem Ausmaß innen- und außenpolitische Belange des Reiches. Es ist hier nicht der Ort, die seit der Mitte der zwanziger Jahre geführten Diskussionen nachzuvollziehen, die sich hierüber zwischen den betreffenden Ressorts der Reichsregierung und auch innerhalb der Marine entspannen. Hierzu, wie zum Großschiffbau überhaupt, gibt es eine große Zahl detaillierter Untersuchungen. Es sollen jedoch die Grundlinien skizziert werden, nach denen der Übergang von der Reichs- zur Kriegsmarine vonstatten ging.

Gegenstand der im September 1925 beginnenden Auseinandersetzungen war die Frage: Welcher Art sollten die Ersatzbauten sein, die dem Versailler Vertrag gemäß für die inzwischen veralteten Linienschiffe auf Kiel gelegt werden durften? Die Frage nach der Art der Ersatzbauten war, wie erwähnt, insofern von größter Wichtigkeit, als mit der Antwort darauf bis zu einem gewissen Grade vorausbestimmt wurde, welchem strategischen Konzept die Marineleitung künftig folgen wollte. Wie aus dem eingangs zitierten Papier ersichtlich, siegte das «Panzerschiff» als neue Art. Hierfür war auch die Entwicklung von schnellaufenden Dieselmotoren maßgebend, die nicht nur den geforderten großen Aktionsradius gestatteten, sondern auch noch andere Vorteile boten. Die Verwendung von Leichtmetallen für den Innenausbau der Schiffe und das Schweißen des Rumpfes ermöglichten eine zusätzliche Gewichtsersparnis, die den Gefechtswert erhöhte.

Mit dem Panzerschiff war ein Schiff konstruiert worden, daß, wie es in einer Denkschrift der Marineleitung vom 9. Oktober 1928 heißt,

«a) schnell genug war, um
1. taktisch mit unseren – den Kreuzern des Gegners, an Kampfkraft unterlegenen – Kreuzern zusammenwirken zu können;
2. Kämpfen mit Großkampfschiffen ausweichen zu können;
b) kampfkräftig genug, um jeden Kreuzer des Gegners niederkämpfen zu können ...
erheblich überlegen
a) jedem Großkampfschiff an Schnelligkeit,
b) jedem Kreuzer an Kampfkraft (die Summe von Schutz und Angriffswaffen).»

Mit dem Schritt zum Panzerschiff war rüstungspolitisch ein völlig neuer Weg eingeschlagen worden. Hatten bisher in bezug auf die Seekriegführung gegen England Überlegungen der Art «deutsches Typschiff gegen feindliches Typschiff» im Vordergrund gestanden, galt es nunmehr der politischen Lage entsprechend eine «deutsche Lösung zu finden». Die Normierung der Schiffe wie auch die Flottenverträge dienten dazu, die Überlegenheit der englischen gegenüber den anderen Flotten zu erhalten. Mit dem deutschen Panzerschiff wurde diese Absicht zunichte gemacht. Man war davon ausgegangen, daß die besten Erfolgsaussichten Deutschlands in einer offensiven Seekriegführung lägen. Die hieraus resultierende Konsequenz, auf eine Schlachtflotte englischer Prägung zu verzichten, «erlaubt es, unter Inanspruchnahme der Baufreiheiten der jeweils höheren Schiffsklasse Typen zu bauen, die ... durch Geschwindigkeit und Bewaffnung die Möglichkeit bieten, den bisherigen gleichstarken Typ durch einen stärkeren Typ auszuschalten.» Auf diese Weise sollten verschiedene Typen für eine Atlantikverwendung geschaffen werden, die den vorhandenen englischen überlegen wären, so daß Kampfgruppen gebildet werden könnten, «die aus Schlachtkreuzern, schweren und leichten Kreuzern bestehen und sowohl einen ... Gegner zum Kampf stellen, als auch sich bei Überlegenheit ... entziehen können.» So jedenfalls lauteten die zeitgenössischen Überlegungen.

Mit den Panzerschiffen, deren erstes bekanntlich den Namen «Deutschland» bekam, wurde also der Anfang gemacht, die Voraussetzungen für die intentierte neue offensive Seekriegführung zu schaffen. Für dieses Schiff war mit den Deutschen Werken Kiel A. G. ein Preis von 26 155 000 Reichsmark vereinbart worden. In diesem Preis nicht enthalten waren die Kosten für die Feuerleitanlagen der Artillerie- und Torpedobewaffnung sowie für die E-Montage der mittleren und leichten Artillerie.

Insgesamt begannen zu dieser Zeit, begünstigt nicht zuletzt durch die sich bessernde außenpolitische Lage des Reiches, intensive Marinerüstungen. 1930 entstand der Verstärkungsplan, ein Jahr darauf genehmigte der Reichstag den von der Marineleitung eingereichten Schiffbauersatzplan, der den Bau weiterer Panzerschiffe vorsah. Im November 1932 genehmigte der Reichswehrminister Kurt von Schleicher den Umbauplan der Marine. Danach sollten bis 1938 in drei Etappen 6 Linien- bzw. Panzerschiffe, 1 Flugzeugträger, 6 Kreuzer, 6 Zerstörer- bzw. Torpedobootshalbflottillen, 16 U-Boote, 9 Marinefliegerstaffeln sowie die erforderlichen Hilfsschiffe in Dienst gestellt werden. Als vordringlich wurde im Umbauplan die Bildung des Organisationsrahmens für eine Marineluftwaffe und die U-Bootwaffe bezeichnet. Weiter galten als vorrangig die Indiensthaltung einer zweiten Minensuchhalbflottille, die Vergrößerung des Personalbestands der Marine und die Verstärkung der Küstenverteidigung sowie des Küstenluftschutzes.

Im Verlaufe der ersten Etappe (1933) sollte vor allem die Organisation für die Marineluftwaffe und die U-Bootwaffe auf die Füße gestellt werden. Ferner sollten 4 alte Torpedoboote gegen 3 moderne Zerstörer ausgetauscht werden. In der zweiten Etappe (1934 bis 1937) sollten die Marineluftwaffe und die U-Bootwaffe ausgebaut sowie die «Umarmierung bzw. Armierung von Schiffen und Fahrzeugen über das bisher zugestandene Maß» hinaus in Angriff genommen werden. Auffällig ist am Umbauplan neben der Wiedererrichtung der U-Bootwaffe die besondere Gewichtung des Aufbaus von Marinefliegerkräften. Mit Stand vom 10. Juli 1930 hatten 29 Marineoffiziere eine Fliegerausbildung. Ein Jahr später fand in der Nordsee ein erstes gemeinsames Manöver von Schiffen und Flugzeugen statt. Die Einbeziehung der Marinefliegerei verdeutlichte die ernsthafte Bestrebung, keine der modernen Entwicklungstendenzen in der Seekriegführung außer acht zulassen.

Eine geheime Aufstellung der Marinehaushaltsabteilung vom Oktober 1930 nennt als hervorstechende militärische und technische Merkmale der eigenen Neubauten:

«A. Schiff- und Maschinenbau.

1. Gewichtsverminderung durch

a) elektrische Schweißung anstelle des Nietverfahrens,

b) Verwendung von Leichtmetallen,

c) Verwendung schnellaufender Dampfturbinen mit reiner Ölfeuerung (Kreuzer) und Übergang zum schnellaufenden Dieselmotor (Panzerschiff Ersatz ‹Preußen› und Artillerieschulboot Ersatz ‹Drache›).

2. Infolgedessen Erhöhung der Geschwindigkeit und zwar

a) von 18 Kn bei jetzigen Linienschiffen und 23 Kn bei letzten Großkampfschiffen auf 26 Kn beim Panzerschiff Ersatz ‹Preußen›.

b) von 18–22 Kn bei jetzigen alten Kreuzern und 28 Kn bei letzten Kriegsbauten auf 32 Kn bei Neubau-Kreuzern.

3. Größere Sinksicherheit gegenüber jetzigen Linienschiffen – trotz kleineren Deplacements – durch weitgehende Unterteilung.

4. Größerer Aktionsradius infolge Brennstoffersparnis durch Verwendung von Ölmotoren zum Schiffsantrieb. Bei den Kreuzern der Königsberg-Klasse 18 000 sm, erreicht durch Einbau der Marschölmotore.

B. Artilleriewaffe.

1. Steigerung der Schußweite,

a) der schweren 28 cm Geschütze des Panzerschiff Ersatzes ‹Preußen› gegenüber jetzigen Linienschiffen um fast 100%;

b) der mittleren 15 cm Geschütze der Neubaukreuzer gegenüber letzten Kriegsbauten um mehr als 50%,

2. Steigerung des Gewichts der Breitseite in der Zeiteinheit.

a) bei Panzerschiff Ersatz ‹Preußen› auf das dreifache der jetzigen Linienschiffe,

b) bei Neubaukreuzern auf das 4½fache der jetzigen alten Kreuzer.

3. Entwicklung neuartiger (Drillings-)Lafetten.

4. Konstruktion von Abfeuer- und Feuerleitungsanlagen zur Ausnützung der Feuergeschwindigkeit auch bei ungünstigen Wetterverhältnissen (schlingerndes Schiff) und steten Kursänderungen auch auf große Entfernungen.

5. Bau von genau arbeitenden Entfernungsmeßgeräten auch für große Entfernungen von vielfacher Überlegenheit gegen früher.

6. Wirkungsvollere Flugzeugabwehr durch den Bau

a) von erheblich leistungsfähigeren Flaks und schweren Maschinen-Waffen mit völlig neuartigen Lafetten,

b) von Feuerleitungs- und Richtanlagen, mit welchen man die Flak auch bei bewegtem Schiff mit voller Feuergeschwindigkeit am Ziel halten kann.

C. Torpedowaffe.

1. Bau von Drillingsrohren mit maschinellem Schwenkwerk und neuartigen Feuerleitungsanlagen.

2. Verstärkung der Armierung auf Neubaukreuzern und zwar Breitseite:

a) jetziger alter Kreuzer	1 Torpedo
b) Kreuzer bei Kriegsende	2 Torpedos
c) Neubaukreuzer	6 Torpedos

Also Steigerung auf das 6fache.

3. Erhöhung der Leistung des einzelnen Torpedos durch Aptierung.

D. Nachrichtenmittel.

1. Trennung der F.T. Sende- und Empfangsräume für möglichen Doppelverkehr auf mehreren Wellen gleichzeitig.

2. Verwendung moderner Unterwassertelegraphensender hoher Frequenz als vom Gegner unpeilbarer Gefechtssignalmittel.

3. Verwendung moderner Gruppenhorchanlagen zum Einpeilen der gegnerischen Torpedos, U-Boote und Zerstörer.»

Anfang 1933 besaß die Reichsmarine 3 alte Linienschiffe («Hessen», «Schlesien», «Schleswig-Holstein»), 5 neue Kreuzer («Emden», «Königsberg», «Karlsruhe», «Köln», «Leipzig») sowie 18 Torpedoboote (darunter 12 Neubauten). Im April wurde das erste Panzerschiff, die «Deutschland», in Dienst gestellt. Bis Ende 1933 waren folgende Einheiten in Bau gegeben bzw. auf Kiel gelegt worden: 2 Panzerschiffe («Admiral Scheer» und «Admiral Graf Spee»), 1 Kreuzer («Nürnberg»), ferner eine Reihe von Räum- und Schnellbooten sowie einige Hilfsschiffe.

Der Gesamthaushalt der Marine stieg von 200,5 Millionen Reichsmark 1929 auf 695,1 Millionen Reichsmark 1935, wobei sich der Anteil für den Kriegsschiffbau auf 41 Prozent des Haushaltes belief. Wie auch in anderen Bereichen wuchs die Rüstung im Marinebereich nach der Errichtung des Dritten Reiches sprunghaft, wenn auch der Anteil der Marine am Rüstungsboom im Vergleich zum Heer und der in Entstehung begriffenen Luftwaffe deutlich schmaler ausfiel. In den Jahren 1933 bis 1935 betrugen die Ausgaben für die Flottenrüstung nur knapp 10 Prozent des Wehrmachtshaushalts. 1936 erreichten diese Ausgaben 1,132 Milliarden Reichsmark.

Die eigentlichen Rüstungsgebiete waren in der Reihenfolge ihrer Dringlichkeit Schiffbauersatzplan, Offensivwaffen und Munition, Ausbildungsmittel- und -stätten, Verbesserung des Schiffsmaterials, Bereitstellung von Hilfsschiffen, Küstenverteidigung, Stützpunkte und Nachschub. Der Oberbefehlshaber der Marine, Admiral Raeder, legte Hitler Anfang August 1934 einen «Bau- und Geldplan» der Kriegsmarine vor, der für die Jahre 1934 bis 1938 insgesamt 3,4 Milliarden Reichsmark vorsah. Dieser Plan ging von einer Personalstärke von 45000 Mann aus. Er fand die Zustimmung Hitlers. Mit dem Budget wuchs auch die Zahl der in Bau befindlichen bzw. gehenden Schiffe. 1933 waren 1 Schlachtschiff und 1 Kreuzer in Bau gegeben worden. 1934 enthielt der Haushalt die ersten Raten für 2 schwere Kreuzer und 16 Zerstörer. 1935 stellte er Mittel für das Schlachtschiff «Bismarck», einen weiteren schweren Kreuzer und eine Reihe kleinerer Einheiten bereit. Der Schiffbauersatzplan vom November 1935 sah folgenden Ablauf der Flottenvergrößerung vor:

Fertigstellung	Baubeginn
Haushalte 1935	
Panzerschiff D	Panzerschiff C
	(«Graf Spee»)
Panzerschiff E	B-Kreuzer «Nürnberg»
A-Kreuzer G	U-Boote 1–15, 17–20
A-Kreuzer H	
U-Boote 1–20, 25–30, 33–34	
Haushalt 1936	
Panzerschiff F	1.–14. Zerstörer
Flugzeugträger A	U-Boote 16, 21–36
Flugzeugträger B	
A-Kreuzer I	
B-Kreuzer a	
17.–22. Zerstörer	
U-Boote 21–24, 31–32, 35–36	
Haushalt 1937	
Panzerschiff G	Panzerschiff D
A-Kreuzer K	Panzerschiff E
B-Kreuzer b	A-Kreuzer H
23.–28. Zerstörer	15.–16. Zerstörer
U-Boote 37–49	
Haushalt 1938	
Panzerschiff H	A-Kreuzer G
A-Kreuzer L	17.–22. Zerstörer
B-Kreuzer c	U-Boot 37–49
29.–31. Zerstörer	
Haushalt 1939	
B-Kreuzer d	Panzerschiff F
B-Kreuzer e	Flugzeugträger A
32.–33. Zerstörer	Flugzeugträger 8
	A-Kreuzer I
	B-Kreuzer a
	B-Kreuzer b
	23.–28. Zerstörer
Haushalt 1940	
B-Kreuzer f	Panzerschiff G
	A-Kreuzer K
	B-Kreuzer c
	29.–31. Zerstörer
Haushalt 1941	
B-Kreuzer g	Panzerschiff H
	A-Kreuzer L
	B-Kreuzer d
	B-Kreuzer e
	32.–33. Zerstörer
Haushalt 1942	
B-Kreuzer h	B-Kreuzer f
34.–36. Zerstörer	
(Ersatz Möve-Klasse)	
Haushalt 1943	
B-Kreuzer i	B-Kreuzer g
37.–39. Zerstörer	
(Ersatz Wolf-Klasse)	
Haushalt 1944	
Kreuzer-Ersatz «Emden»	B-Kreuzer h
	34.–36. Zerstörer
Haushalt 1945	
	B-Kreuzer i
	37.–39. Zerstörer
Haushalt 1946	
	Kreuzer-Ersatz «Emden»

(Nach Jost Dülffer, Hitler und die Marine. Reichspolitik und Flottenbau 1920–1939, Düsseldorf 1973)

Neben dem Bau neuer Kampfschiffe und -boote stand die Ausbildung einer ausreichenden Zahl von Offizieren und Mannschaften im Vordergrund. Hierbei hielt die Marineleitung an dem Prinzip der Segelschulschiffausbildung fest. Sie blieb auch dabei, nachdem die als Schulschiff fahrende Schonerbark «Niobe» am 26. Juli 1932 bei Fehmarn in einer Gewitterböe gekentert und innerhalb von 2 Minuten gesunken war, wobei sie 69 Besatzungsmitglieder in die Tiefe riß. Mit der «Niobe» war ein Teil des Seeoffiziersanwärterjahrgangs 1932 untergegangen. Eine Zeitlang wurde die Segelschiffausbildung der Offiziers- und Unteroffiziersanwärter auf kleineren Segelfahrzeugen fortgesetzt, bis der Auftrag für ein neues Segelschulschiff erteilt wurde, dem weitere folgten.

Die Kriegsmarine des Dritten Reiches 1935 bis 1945

Marine auf dem Weg in den Krieg

Am 30. Januar 1933 wurde Hitler zum Reichskanzler des Deutschen Reiches berufen, was sich auch auf die Marinebaupläne stimulierend auswirken sollte. Die neuen Machthaber ließen keinen Zweifel daran, daß sie die bisherige Marineentwicklung fortsetzen wollten und «daß diese Flotte unter dem nationalsozialistischen Regime in jedem Falle gebaut werden sollte, waren doch die personellen und materiellen Vorbereitungen hierzu bereits im vollen Gange. Nicht nur die U-Bootwaffe wurde unabhängig von jeder vertraglichen Bindung und Erlaubnis vorbereitet und ein Jahr später zu Wasser gelassen, die gesamte Flotte richtete sich bereits nicht mehr nach den Vorschriften besiegelter Verträge, sondern entsprach den Wünschen einer Staatsführung, die zu erkennen geben sollte, daß Verträge für sie nur solange gültig waren, wie sie den eignen Zielen nützten.» (Michael Salewski, Die deutsche Seekriegsleitung 1935–1945, Bd. 1, 1935–1941, Frankfurt am Main 1970, S. 10f)

Ein deutlicher Entwicklungsschub auch für die Marine ging vom «Gesetz für den Aufbau der Wehrmacht» vom 16. März 1935 aus. Ihm gemäß kam es zur Wiedereinführung der Wehrpflicht und zur Umbenennung der Reichswehr in Wehrmacht. Vom 1. Juni 1935 an hieß die Reichsmarine Kriegsmarine, die Marineleitung Oberkommando der Kriegsmarine und der Chef der Marineleitung Oberbefehlshaber der Kriegsmarine. Der deutsch-britische Flottenvertrag vom 18. Juni 1935 gestattete der Kriegsmarine ein Bauvolumen von 35 Prozent der Gesamttonnage der Flotte des British Commonwealth und bei U-Booten sogar von 100 Prozent. Der besseren Kontrolle wegen erfolgte die Regelung des Bestands und Neubaus der Überwasserschiffe beider Staaten anhand von deren Einteilung in Kategorien. Hierzu heißt es unter Punkt 2d des Abkommens:

«Die Regierung des Deutschen Reichs begünstigt auf dem Gebiete der Seerüstungsbegrenzung dasjenige System, das die Kriegsschiffe in Kategorien einteilt, wobei die Höchsttonnage und das Höchstkaliber der Geschütze für die Schiffe jeder Kategorie festgesetzt wird, und das die jedem Lande zustehende Tonnage nach Schiffskategorien zuteilt. Folglich ist die Regierung des Deutschen Reiches bereit, grundsätzlich und unter Vorbehalt des nachstehenden Absatzes das 35prozentige Stärkeverhältnis auf die Tonnage in jeder beizubehaltenden Schiffskategorie anzuwenden und jede Abweichung von diesem Stärkeverhältnis in einer oder mehreren Kategorien von den hierüber in einem zukünftigen allgemeinen Vertrag über Seerüstungsbeschränkung etwa getroffenen Vereinbarungen abhängig zu machen. Derartige Vereinbarungen würden auf dem Grundsatz beruhen, daß jede Erhöhung in einer Kategorie durch eine entsprechende Herabsetzung in anderen Kategorien auszugleichen wäre.» (Handbuch der Verträge 1871–1964, hrsg. von Helmuth Stoecker unter Mitarbeit von Adolf Rüger, Berlin 1968, S. 277)

Der Flottenvertrag brachte der Staats- und der Marineführung militärischen Gewinn. Er legalisierte die bisherige Marinerüstung des Reiches und gestattete ihm den Aufbau einer großen homogenen Kriegsflotte. Doch knüpfte dieser Vertrag den deutschen

Flottenbau an die Entwicklung der britischen Marine, wie der zitierte Abschnitt 2d zeigt, was für die andersgearteten Interessen der deutschen Seite zum Hemmnis werden konnte. Alles in allem konnte der Vertrag Rahmen für den begonnenen Ausbau der deutschen Flotte sein. Das die Vertragsbestimmungen jedoch nicht das Endziel der deutschen maritimen Bestrebungen bedeuteten, offenbarten die praktische Baupolitik, die operativ-strategischen Planungen sowie die politische Entwicklung in der Zeit bis zum Beginn des Zweiten Weltkrieges.

Allerdings wurde es für die Werftindustrie angesichts der gleichzeitigen Hochrüstung von Heer und Luftwaffe immer schwieriger, den Planvorgaben gerecht zu werden, insbesondere was die Einhaltung von Zulieferungen, Stahlquoten und Arbeitskräftezufuhr betraf. Außerdem brachte der Kurswechsel der Regierung Ende 1937/ Anfang 1938, insofern diese jetzt ein Kriegsrisiko bewußt einging und auf eine bewaffnete Auseinandersetzung direkt zusteuerte, weitere Schwierigkeiten für den Flottenbau mit sich. Trotzdem nahm die Werftindustrie durch die Marineaufträge einen bedeutenden Aufschwung wie ein Bericht über die Entwicklung der Firma F. Schichau A.G., Werk Danzig, 1943 ausweist. Liefen 1933 auf dieser Werft Schiffe mit 1294 BRT und einer Verdrängung von 1057 t vom Stapel, so standen dem 1939 Schiffe mit 45313 BRT und einer Verdrängung von 95919 t gegenüber. Dabei hatte auf dieser im damaligen Freistaat Danzig gelegenen Werft der Kampfschiffbau nicht einmal im Mittelpunkt ihrer Tätigkeit gestanden, wie aus dem betreffenden Dokument des Amtes Kriegsschiffbau hervorgeht. «Durch Inbaugabe von größten Schwimmdocks und Hilfsschiffen für die Kriegsmarine und durch Hereinnahme von umfangreichen Auslandsaufträgen konnte die Leistung des Unternehmens bis zu Kriegsbeginn 1939 auf eine sehr beachtliche Höhe gesteigert werden.»

Die Zahl der Beschäftigten stieg bei Schichau im gleichen Zeitraum von 320 auf 3700 und der jährliche Umsatz von 1,1 Millionen Reichsmark auf 29,0 Millionen Reichsmark.

Am 15. Juli 1938 befanden sich nach einer Aufstellung des Amtes Kriegsschiffbau auf dieser Werft sowie ihren Teilen in Elbing und Königsberg im Bau: 2 Schwimmdocks, 4 Troßschiffe («Westerwald», «Dithmarschen», «Ermland», «F»), 6 Torpedoboote (T 1-4,9 und 10), 6 Torpedoboote Typ 1937 (T 13-18), 1 Motorölfahrzeug 1000 t («Baltrum»), 1 650-PS-Motorschlepper («Memmert»), 1 650-PS-Motorschlepper mit Eisbrechereinrichtung («Wogram»), 1 650-PS-Motorschlepper mit Eisbrechereinrichtung und Eisverstärkung, 1 seegehender Eisbrecher (Fla-Schulschiff), 1 Tankmotorschiff 2600 t («Usedom»), 1 Saughopperbagger 3700 cbm, Motorenanlagen für Versuchs- und Betriebsfahrzeuge, 2 M-Boote Typ 1935 (M 35-36).

Allein dieser Aufstellung kann entnommen werden, in welchem Ausmaß die Werften von den Großwerften der Küste bis zu den Kleinwerften im Binnenland in das Marinerüstungsprogramm einbezogen waren. In dieses Programm waren 78 Firmen von den Deutschen Werken Kiel A. G. bis zur Firma Rambeck in Starnberg eingespannt. Die genannten Aufträge reichten von den Flugzeugträgern A und B, den Kreuzern «Blücher» und «Hipper», dem Schlachtschiff F, Zerstörern, Torpedobooten, S- und M-Booten sowie U-Booten bis zu Kuttern, Jollen und Dinghis.

Hierneben begannen etwa um das Jahr 1937 die Arbeiten an einem neuen Marinestützpunkt. Da vorhandene Anlagen nicht ausbaufähig erschienen, sollte mit seinem Bau auf Rügen, «im Jasmunder Bodden (samt) Schaffung eines Zugangs zur Ostsee durch einen Durchstich östlich von Glowe ...» begonnen werden.

«Für die Bauzeit ist ein Gleisanschluß, der etwa bei Borchtitz abzweigt, notwendig. Später sollen die Gleisanlagen der Marine westlich von Lietzow am Ralswieker Forst an das Reichsbahnnetz angeschlossen werden.

Die Hauptstraße Bergen-Saßnitz wird von dem Marinegleis überbrückt, während bei Borchtitz die Straße schienengleich gekreuzt werden soll.

Der Straßenverkehr auf der Reichsstraße Sagard-Arkona wird infolge des Durchstiches bei Glowe unterbrochen. Von dem Bau einer Hoch- oder Drehbrücke soll mit Rücksicht auf die Luftgefahr Abstand genommen werden, da eine etwaige Blockierung des Kanals infolge Beschädigung der Brücke die Einsatzbereitschaft der im Rügenhafen beheimateten Verbände unterbinden würde. Der Verkehr wird daher durch eine Personen- und Wagenfähre aufrechtzuerhalten sein.

Die vorhandenen Industrieanlagen (Kreidewerke am Martinshafen) sollen, falls sie aufrechterhalten werden sollen, nach Polchow verlegt werden, so daß die bestehende Industrie durch Planungen der Marine nicht geschädigt wird. Auf dem Gelände westlich von Polchow bleibt die Anlage eines Handelshafens und die Ansiedlung von Industrieanlagen vorbehalten.

Durch die Bauabsichten wird mit Ausnahme des Geländebedarfs für den Durchstich bei Glowe, der einen etwa 250 m breiten Streifen an Ackerland und Wiesengelände in Anspruch nimmt, nur wenig für die Landwirtschaft wertvolles Gelände benötigt. Die Lubitzer Weide westlich Sagard, im Plan gelb eingetragen, soll etwa um 1,5 bis 2,0 m aufgespült werden und für künftige Unterkunftsanlagen der Marinetruppenteile verwendet werden.

Für die beim Rügenhafen beschäftigten Arbeiter und Angestellten werden im Rahmen des Ausbaues des Marinehafens eine Reihe von Wohnsiedlungen im Anschluß an die vorhandene Gemeinde gebaut werden. Diese Planungen werden vom Verwaltungsamt der Kriegsmarine weiterverfolgt ... Die eigentlichen Bauarbeiten sollen im Jahre 1938 einsetzen.»

Nach einem anderen Papier des Amtes Kriegsschiffbau vom 24. Februar 1939 untergliederte sich Rügenhafen in die drei Teile: 1. Instandsetzungswerft; 2. Ausrüstungswerft mit Ausrüstungsbetrieben; 3. Raum zur Anlage einer Neubauwerft. Neben einem großen Baudock sollte der neue Stützpunkt 1 großes Trockendock für Flugzeugträger, 1 Kreuzerdock, 1 Schwimmdock, 2 Zerstörer-Schwimmdocks, 2 Torpedo-Schwimmdocks sowie Aufschleppen und Liegeplätze für S-Boote bekommen. Rügenhafen sollte mit 2 Flugzeugträgern, 6 leichten Kreuzern, 10 Spähkreuzern, 10 Zerstörern, 1 T-Bootflottille, 1 S-Bootsflottille, 5 U-Boot-Flottillen, 2 MS-Flottillen, 1 R-Flottille und 2 Minenschiffen, 1 Minenräumschiff, 2 Tendern, 3 Kanonenbooten und 1 Troßschiff belegt werden. Handschriftlich waren dieser Aufzählung noch 1 Panzerschiff («Deutschland»-Klasse), 1 Kreuzer alt, 2 Segelschulschiffe und 1 Spezialschiff zugefügt. Für Instandsetzungsarbeiten an Schiffen und Maschinen waren 8 800 und an Waffen 2 200 Beschäftigte vorgesehen. Die Werftanlagen des Stützpunktes hätten eine Gesamtbelegschaft von 11 000 Beschäftigten erfordert.

Für den Bau dieses ehrgeizigen Projekts waren nach einer Übersicht vom 15. September 1941 im einzelnen ausgegeben worden:

Durchstich Glowe		
Trockenbaggerung	1939:	225 000,0 RM
Probeloch	1939:	611 000,0 RM
Naßbaggerung	1939:	1 045 000,0 RM
Ostmole	1939:	271 000,0 RM
Steinschüttung		
Plattform	1939:	38 000,0 RM
Löschbrücke	1938/1939:	295 000,0 RM
Westmole	1938/1939:	339 400,0 RM
Bohrungen		168 900,0 RM

Ungefähr zum Zeitpunkt der Aufstellung dieser Übersicht wurden die Arbeiten am Stützpunkt Rügenhafen auf Grund der Kriegslage eingestellt.

Bezeichnend für dieses Projekt ist, wie wenig die Luftgefährdung des neuen Hafens, bedingt durch seine geographische Lage, beachtet wurde, selbst dann noch, als bereits erste Erfahrungen über die Wirksamkeit von Fliegerkräften vorlagen. In einem Vermerk der Amtsgruppe Werften vom 30. August 1940 über eine Sitzung am 29. August zum Bauvorhaben Rügenhafen heißt es, daß nach Ansicht der SKL und von «A» der Stützpunkt «auch im Kriege als Stützpunkt für die Flotte» benötigt werde. Von den anwesenden Admiralen Witzell, Backenköhler, Warzecha und Fuchs wurde die Auffassung vertreten, daß die Friedensplanung für Rügenhafen in Gestalt einer Reparatur- und Neubauwerft zunächst bestehen bleiben solle. Weiter heißt es in dem Vermerk:

«1. Rügenhafen bleibt vordringliches Vorhaben, dient im Frieden und Krieg als Stützpunkt.

2. Alte Friedensplanung wird beibehalten.

3. Neubauwerft muß erhalten bleiben.

4. Bauarbeiten nach Kriegsschluß sofort mit großem Einsatz.

Jetzt Beginn der Ausschachtungs- und Baggerarbeiten

am Durchstich, falls Arbeitskräfte vorhanden und andere wichtige militärische Bauvorhaben dadurch nicht beeinträchtigt.»

Wie hieraus ersichtlich ist, blieb die Luftgefährdung des neuen Vorhabens völlig unbeachtet. Andererseits standen solcher Ignoranz Überlegungen zur Schaffung von «See-Luftstreitkräften» entgegen. Aus einem Schreiben des OKM an das Reichsluftfahrtministerium vom 9. Dezember 1936 geht hervor, daß die ursprünglich geplante Endstärke von 25 Staffeln bis Herbst 1938 auf 64 Staffeln bis 1942 gesteigert werden sollte, wovon in Friedenszeiten immerhin noch 42 Staffeln bleiben sollten. Wie dieses neue Seekriegsmittel, wenn auch noch «friedenbestimmt», eingeschätzt wurde, vermittelt folgender Satz in diesem Schreiben: «In einem künftigen Krieg liegt das eigentliche Operationsgebiet der Seestreitkräfte außerhalb der Küste. Durch den Einfluß der modernen Waffen, in erster Linie auch der Luftwaffe, ferner durch den vermehrten Einsatz der Kleinkampfmittel wie Mine, U-Boot, Torpedoboot, ist der die Seestreitkräfte abschreckende Einfluß des Seegebietes unmittelbar vor der Küste – des Küstenvorfeldes – ungleich größer geworden als zu Beginn des Weltkrieges, so daß es bei einem gut organisierten Lande zu Kampfhandlungen großer Überwasserstreitkräfte in diesen Gebieten kaum kommen wird.» Bezeichnend für das Interesse an der Luftkomponente war, daß für den Flugzeugträger A («Graf Zeppelin») bis Ende des Rechnungsjahres 1939 70 605 615,66 Reichsmark ausgegeben worden sind, wie aus einem am 20. Juni 1940 beglaubigten Ausgabennachweis hervorgeht. Der Flugzeugträger B, für den der Bauauftrag unter K I d 243 geh. vom 11. Februar 1935 und unter K I b 2 800 geh. vom 16. November 1935 erteilt wurde, wurde am 1. Oktober 1936 auf Kiel gelegt, aber gemäß Verfügung vom 29. Februar 1940 noch auf der Helling abgewrackt.

Zu einem neuralgischen Punkt wurde auf Grund der immensen Vergrößerung der Flotte, auch die Personalfrage. Aus den Archivalien geht hervor, daß es 1938 1 800 See-, 475 Ingenieur-, 26 Sanitäts-, 186 Waffen-, 130 Verwaltungs- und 1 025 E-Offiziere gab. Diese 3 876 Offiziere machten bei einer Gesamtstärke der Kriegsmarine von 56 000 Mann nur 5,8 Prozent des Personalbestandes aus. Durch eine Reihe von Maßnahmen sollte vor allem der hohe Anteil der E-Offiziere verringert werden und der Bestand an aktiven Offizieren durch Heranbildung von Handelsschiffsoffizieren, Beförderung von Deckoffizieren, Beförderung aus dem «Mannschaftsstand und Belassung von Offizieren im Dienst» vergrößert werden. Die Bordkommandos sollten der Festpunkt der Offiziersausbildung sein. Als Fernziel wird die Bildung eines einheitlichen Marineoffizierskorps mit Ausnahme der Sanitätsoffiziere angegeben.

Zum Problem der Ergänzung sowie Aus- und Weiterbildung von Unteroffizieren und Mannschaften heißt es:

«Auswahlbasis (für Unteroffiziere) sehr gering. 80 Prozent aller Mannschaften muß Unteroffizier werden, 65 Prozent Oberfeldwebel. Also sehr ungünstige Verhältnisse. Jetzt, 1938, beginnen erst die ganzen Schwierigkeiten, zurückholen einer Anzahl von alten Unteroffizieren, erhebliche Schwierigkeiten, Dienstverlängerung bis 14, 16, 18 Jahre. Freiwillige Dienstzeitverlängerung ist nicht mehr möglich. Leute (bis 1932 runter) müssen gezwungen werden, dabei zu bleiben, große Nachteile. Neues Wehrmachtversorgungsgesetz, also günstige Aussichten. Mannschaften: Grundausbildung 6 Monate beabsichtigt. Ab 1938 werden die Flottenrekruten auch noch in den MAA ausgebildet. Abgang von 4jährigen bei den MAA, man muß mit 2jährigen auskommen. Für die Flotte 4jährige Dienstzeit. Nur der richtige Seemann rechnet noch zur seemännischen Bevölkerung. Ausbildung Küstendienst (See), $^{1}/_{2}$ Jahr Grundausbildung, 1 $^{1}/_{2}$ Jahr Bordausbildung.

Ausbildung auf: M-Booten, Geleitbooten, Torpedobooten, (Schiffe vorläufig nicht), zur Zeit von jedem Jahrgang 800, Bauverzögerungen führen zu sehr großen Schwierigkeiten. Leute sitzen heute schon über 1 Jahr an Land, (1 000 Mann Kaserne) keine Unterbringungsmöglichkeiten, große Überbelegung der Schiffe. Fachlaufbahnen, keine Möglichkeit zur Ausbildung, verlernen alles wieder, bevor sie wirklich an Bord kommen.»

Ungeachtet der in diesem Vortrag, der an der Seekriegsakademie gehalten wurde, angesprochenen Probleme, verlief die Ausbildung an Bord, besonders der großen Schiffe, traditionell und gediegen, wie der nachfolgende Auszug aus dem Konspekt zum Unterrichtsthema «Das Benehmen an Bord», im vorliegenden Falle des Kreuzers «Blücher», zeigt:

«Das enge Zusammenleben an Bord erfordert von allen Besatzungsangehörigen die größte Rücksichtnahme aufeinander. Das Wohlbefinden des einzelnen, der gute Eindruck des Schiffes nach außen und ein guter Gesundheitszustand der gesamten Besatzung wird nur sichergestellt, wenn jeder sich in die für das Benehmen an Bord gegebenen Vorschriften fügt und diese peinlich genau befolgt.

Von aller größter Wichtigkeit ist, daß jeder Mann der Besatzung seinen Körper, seinen Anzug und seinen Raum sauber erhält. Das gute Sauberhalten des Schiffes setzt tadellose Ordnung voraus. Es dürfen keine Gegenstände, Abfälle usw. an Deck herumgeworfen werden. Kehrricht und Abfälle kommen im Hafen in die dafür vorgesehenen Tonnen. In See werden sie in Lee durch die dafür vorgesehenen Ausgüsse über Bord geworfen. Für die Sauberhaltung der Waschanlagen und Aborte muß sich jedermann verantwortlich fühlen. Diese Einrichtungen sind nach Gebrauch stets in sauberem Zustande zu verlassen. Türen sind zu schließen.

Die Befehle des Wachhabenden Offiziers (WO) werden durch Pfeifsignale angekündigt und dann vom Bootsmannsmaat der Wache ausgerufen. Bei der Abgabe von Pfeifsignalen hat sofort Ruhe zu herrschen. Die gegebenen Befehle sind augenblicklich und auf dem schnellsten Wege auszuführen. Jeder hat sich so einzurichten, daß er die gegebenen Befehle hört. Die Entschuldigung einen Befehl nicht gehört zu haben, kann nicht gelten.

Auch im Anzug hat sich jeder an die gegebenen Befehle streng zu halten. An Deck ist immer, wenn nicht anders befohlen, die Mütze aufgesetzt zu tragen. Bekleidungsstücke des Soldaten müssen stets, auch nachts, in den Spinden verstaut und verschlossen sein. Gewaschenes Zeug darf nur an den durch Schiffsbefehl erlaubten Plätzen aufgehängt werden.

Für den Aufenthalt in der Freizeit an Deck sind für die verschiedenen Dienstgrade durch Schiffsbefehl besondere Plätze vorgesehen.

Die Kommandobrücke, die Räume unter Panzerdeck, die über Panzerdeck liegenden Betriebsräume, die Hellegats und Lasten, die Munitions- und Vorratsräume, die Waffenleitstände, das Schiffs-Lazarett, die Schreibstuben, die Küchen und Anrichten dürfen nur zu dienstlichen Zwecken betreten werden. Dasselbe gilt von den Wohnräumen der Offiziere und Oberfeldwebel und den als Aufenthaltsort für die Vorgesetzten bestimmten Teilen des Oberdecks und unter Deck. Ohne Erlaubnis oder ohne dienstlich daselbst beschäftigt zu sein, ist es niemand gestattet, sich außerhalb des Schiffskörpers z. B. auf den Backspieren und Fallreeps, in den Booten, in der Takelage und in den Masten aufzuhalten. Auch ist es verboten, sich auf die Geschütze, Torpedoausstoßrohre, Ottern und das Geländer zu setzen.

In der Freizeit darf in den Wohndecks musiziert und gesungen werden. Lärmen, Pfeifen, geräuschvolle Unterhaltung ist in allen Teilen des Schiffes untersagt. Bei der Abgabe von Pfeifsignalen, während der Ausführung von Übungen und Manövern und auf den Befehl ‹Ordnung› hat auf dem betreffenden Deck Ruhe zu herrschen.

Auf und unter Deck darf nur in der Freizeit geraucht werden. Bei Übernahmen von Brennstoffen, sowie bei Munitionsübernahme ist das Rauchen verboten. Dasselbe gilt für das Schiffslazarett, die Räume unter Panzerdeck, in Hellegats, Lasten oder sonst verschlossenen Räumen. In den Räumen des Maschinenabschnitts darf nur soweit geraucht werden, als dies erlaubt ist.

Glücksspiele und gewerbsmäßiges Kartenspielen sind untersagt.

Das Hinauslehnen aus den Seitenfenstern usw. ist bei Einlaufen in Häfen und Schleusen, beim Vorbeifahren von Kriegsschiffen, Erweisung von Ehrenbezeigungen und in ähnlichen Fällen verboten.

Niemand darf ohne Erlaubnis, ohne Urlaubskarte und Truppenausweis das Schiff verlassen. Beim Vonbordgehen melden sich die Urlauber beim Bootsmannsmaat der Wache von Bord und werden von ihm auf Anzug und Sauberkeit gemustert. Bei der Rückkehr haben sie sich entsprechend wieder an Bord zu melden. Befindet sich ein Schiff im Hafen, so dürfen zu festgesetzten Zeiten mit Erlaubnis des WO Besucher an Bord empfangen werden. Beim Herumführen von Personen, die nicht der Kriegsmarine angehören, ist das Betreten des Kartenhauses, der Geschütztürme, der Kommandostände, der Funkräume und sämtlicher Räume unter Panzerdeck verboten, wenn nicht Ausnahmen vom Kommandanten oder WO gestattet sind.

Die Hängematten dürfen nur bei ‹Klar bei Hängematten› hervorgeholt werden. Nach ‹Klar bei Hängematten› ist der Aufenthalt, das Rauchen, Lesen und Unterhalten in den Wohnräumen verboten. Zurrleinen und Hängematten-steerte müssen verstaut sein und dürfen nicht herabhängen. Es ist verboten, sich unbekleidet in die Hängematten zu legen.»

Mit dem vorstehend genannten Thema waren die Unterrichtsthemen selbstverständlich nicht erschöpft. Sie umfaßten auch noch andere allgemeine Fragen, wie «Die Pflichten des deutschen Soldaten» oder «Der tägliche Dienst an Bord» oder «Die Gliederung der Kriegsmarine». Auch zu speziellen Gegenständen, wie «Der Leckwehrdienst» oder «Die Ruderanlage», oder «Die Schmierung» oder «Die Turbohilfsmaschinen» wurde unterrichtet.

Seit 1938 hatte der Flottenbau ein Ausmaß erreicht, das zu neuen strategischen Überlegungen zwang. Mit der Vorbereitung dessen beauftragte der Oberbefehlshaber der Kriegsmarine den Operationsoffizier in der Seekriegsleitung, Fregattenkapitän Hellmuth Heye. Dieser bekam im Juni den Auftrag, eine Denkschrift über «Die Seekriegsführung gegen England und die sich daraus ergebenden Forderungen für die strategische Zielsetzung und den Aufbau der Kriegsmarine» zu erarbeiten.

Nach M. Salewski gehörte «diese Denkschrift zu den entscheidenden und historisch wichtigsten Dokumenten aus der Geschichte der Seekriegsleitung vor dem Kriege ... Zusammen mit den Kampfanweisungen vom Mai 1939 bildet sie die Grundlage der Überlegungen und Absichten, mit denen die Marine in den Zweiten Weltkrieg zog.» Die wichtigsten baupolitischen Gedanken dieser Denkschrift wurden bereits weiter oben ausgeführt. Sie enthielt als ernste Lehre aus dem Ersten Weltkrieg die Erkenntnis, daß ein Seekrieg auch ohne «Entscheidungsschlacht» gewonnen bzw. verloren werden könne. Für eine künftige Auseinandersetzung mit England müsse die deutsche Flotte «ausgewogen» sein. Ihre Aufgabe bestünde darin, durch einen konzentrierten Angriff auf die Seeverbindungen, die Kräfte der englischen Flotte, die die Handelswege bewachen müßte, zu zersplittern, um wenigstens eine Lockerung der zu erwartenden Blockade zu erreichen.

Die Denkschrift hatte zur Konsequenz, daß Raeder am 20. August 1938 einen Planungsausschuß mit dem Auftrag einsetzte, umgehend Richtlinien für den weiteren Ausbau der Kriegsmarine auszuarbeiten. Dieser Ausschuß, der erstmals am 23. September zusammentrat, erarbeitete zwei Ausbauvarianten. Die erste sah die Konzentration auf den Bau von U-Booten und Panzerschiffen vor. Sie ging vor allem vom Kampf gegen die britischen Zufuhrwege aus und ließ sich relativ schnell verwirklichen. Die zweite war die von der schon erwähnten «ausgewogenen» und kampfkräftigen Flotte, die einen offensiven Zufuhrkrieg gegen die britische Handelsschiffahrt führen und dabei gleichzeitig die britischen Seestreitkräfte bekämpfen sollte.

Der Oberbefehlshaber der Kriegsmarine trat für die zweite Variante ein. Hitler, dem beide Varianten gegen Ende 1938 vorlagen, billigte den Standpunkt Raeders und bestätigte im Januar 1939 mit geringfügigen Änderungen die zweite Variante, die als sogenannter Z-Plan in die Geschichte einging. Hitler verfügte, daß die Marinerüstung den anderen Rüstungsvorhaben und dem Export vorzuziehen und der Z-Plan bereits in sechs Jahren zu verwirklichen sei. Raeder ordnete die strengste Geheimhaltung dieses Plans sowie den Vorrang des Baus der Schlachtschiffe und der U-Boote an. Der Schlachtschiffe deshalb, weil sie eine lange Bauzeit benötigten, und der U-Boote, weil sie «das einzig wirksame operative Seekriegsmittel» in einer Zeit der «maritimen Schwäche» darstellten.

Das Ausmaß des Z-Plans war beträchtlich. Ihm zufolge sollten bis 1948 10 Großkampfschiffe, 12 Panzerschiffe mit mehr als 20000 t, 4 Flugzeugträger, 3 Panzerschiffe zu 10000 t, 5 schwere Kreuzer, 21 leichte Kreuzer, 22 Spähkreuzer, 10 Minenschiffe, 68 Zerstörer, 90 T-Boote, 75 S-Boote, 249 U-Boote und 227 sonstige Fahrzeuge gebaut werden.

Die politische Entwicklung überholte die Planungen, die ohnehin bis an die Grenzen der wirtschaftlichen Möglichkeiten des Reiches gingen. Mit der Durchführung des Z-Planes beauftragte der Oberbefehlshaber der Kriegsmarine Admiral Fuchs. Aus dem bisherigen Konstruktionsamt wurde das Amt Kriegsschiffbau. In den verbliebenen 9 Monaten bis zum Ausbruch des Zweiten Weltkrieges leistete dieses Amt eine immense Arbeit. Als Hauptschwierigkeit bei der Verwirklichung des riesigen Programms stellte sich bald die Arbeitskräftefrage heraus. Vor allem der Mangel an Facharbeitern wurde zu einem unüberwindlichen Engpaß. Er sollte nach dem 1. September 1939 noch spürbarer werden.

Letztmalig vor Kriegsbeginn wurden die neuen operativen Vorstellungen, deren schiffbaulicher Ausdruck der Z-Plan war, in einem Kriegsspiel getestet, welches das Oberkommando der Kriegsmarine im Februar/März 1939 in Oberhof durchführte. Diesem Kriegsspiel zufolge standen 1943 Deutschland und Italien als Verbündete Großbritannien und Frankreich gegenüber. Die Zusammenfassung der Testergebnisse durch den Chef des Stabes der Seekriegsleitung in der Schlußbesprechung des Oberkommandos läßt erkennen, von welchen strategisch-operativen Vorstellungen sich die Marineführung leiten ließ:

«Zweck des Kriegsspieles war, in ganz großen Zügen, die wichtigsten Probleme der Seekriegführung und damit auch z. T. der Gesamtkriegführung in einem Kriegsfall Deutschland-Italien und England-Frankreich festzustellen und zu untersuchen. Ich mußte es mir in der Besprechung des Spieles versagen, im einzelnen auf die Probleme einzugehen und konnte hier nur andeuten, wo ich – vom Standpunkt der Seekriegsleitung aus gesehen – Wege künftiger Entwicklung und Aufgaben sehe. Für die Zielsetzung der deutschen Kriegsmarine hebe ich die sie betreffenden wichtigsten Punkte noch einmal hervor:

1. Schwerpunkt deutscher Seeoperationen in den ozeanischen Räumen. Die Aufgabe muß sein, die zur Kampfführung in diesen Gebieten bestimmten Einheiten an die feindlichen Seeverbindungen in diesen Gebieten heranzubringen. Diesem Zweck dient die heimische Seekriegführung und zwar innerster Linie die Kampfführung in der Nordsee.

2. Alle in diesem angenommenen Kriegsfall möglichen Kriegsschauplätze stehen miteinander in engsten Wechselbeziehungen. Erfolge und Verluste in dem einen Kriegsgebiet wirken sich unmittelbar auf die Lage in anderen Kriegsgebieten aus.

3. Der Kampf um die Seeverbindungen kann von der Luftwaffe in Europa wesentlich unterstützt werden, wobei der Schwerpunkt dieses Luftkrieges in dem Kampf um das feindliche Küstengebiet liegt.

4. Englands schwächste Stelle ist der Transportraum, da die Liefermöglichkeiten vorhanden sein werden. Für Deutschland wird die Erhaltung der Lieferbereitschaft wichtiger sein als die Transportfrage.

5. Durch deutsche Stützpunkte in den ozeanischen Räumen werden die Erfolgsaussichten deutscher offensiver Seekriegführung gegen England–Frankreich entscheidend verbessert. Solange eigene Stützpunkte nicht bestehen, müssen Aushilfen (durch Inanspruchnahme Neutraler und Ausbau des Etappendienstes) geschaffen werden.

6. Ozeanische Kriegführung fordert eine bestimmte Typenentwicklung deutscher Seestreitkräfte, die Einordnung der Handelsmarine in die Zwecke der militärischen Kriegführung.

7. Ich halte es für feststehend, daß bei folgerichtiger Weiterförderung des Gedankens ozeanischer Kriegführung und bei zielbewußtem Ausbau und Ansatz aller geeigneten Mittel auf dieses Ziel – zu denen ich gegebenenfalls auch schwerste Schiffe rechne – für uns gute Aussichten im Kampf gegen die Seeverbindungen des Gegners vorhanden sind. Die Erfolgsaussichten steigen gegenüber der hier im Kriegsspiel angenommenen Lage wesentlich mit dem Anwachsen der Streitkräfte. Der ins Gewicht fallende Zuwachs ist erst ab 1943 zu erwarten. Ich glaube, daß in der dann aufgelockerten Form des Seekrieges auch für den zahlenmäßig Unterlegenen aussichtsvolle Kampfaufgaben erstehen können. Der Schauplatz dann möglicher Einzelentscheidungen wird nicht in der Nordsee sein, sondern die hohe See aller Erdteile.»

Die eigene Unterlegenheit wohl erkennend, stellte Admiral Schniewind wider besseres Wissen einen Wechsel auf die Zukunft aus. Die Hoffnung auf die Kräfte des Regimes wird noch prägnanter als in dem vorstehenden Schlußbericht in einem am 20. Januar 1939 beim Oberkommando der Kriegsmarine eingegangenen Papier über «Grundlagen und Probleme des Seekrieges, Aufgaben der Marine, Möglichkeiten und operative Verwendung der Seekampfmittel» zum Ausdruck gebracht. Ausgehend davon, daß ein künftiger Zusammenstoß unter den Großmächten in jeder Hinsicht «ein totaler Krieg» sein werde, wird in dem Papier gefordert, schon im Frieden um die besten strategischen Positionen im Krieg zu kämpfen. Für die Kriegsmarine wird als Credo formuliert:

«Die Methode der /fleet in being/ muß für alle Zukunft aus dem Lehrbuch der deutschen Marine ausgestrichen werden. Sie ist auf einem pessimistischen Boden, der nur die rein intellektuellen, rechnerischen Faktoren berücksichtigt, gewachsen. Pessimismus aber schwächt und ist für den Soldaten verderblich ... Die Kriegsgeschichte aller Zeiten beweist, daß abgesehen von gewissen materiellen Grundlagen, die Voraussetzung für große Erfolge nicht so sehr in den menschlichen Verstandeskräften als vielmehr in dem festen Glauben, der eigenen Charakterstärke, also dem moralischen Qualitäten liegt.»

Nach der Betrachtung der schon bekannten Vorstellungen von der «ozeanischen» Kriegführung wird geschlußfolgert, daß eine solche strategische Konzeption «größtes Risiko» mit sich bringt. Doch diese kritische Erkenntnis wird sofort durch die Selbsttäuschung zunichte gemacht:

«Das Zutrauen zur Führung des Staates ist so groß (Unterstreichung im Original – d.V.), daß kein Zweifel aufkommen kann, daß nicht zur geeigneten Zeit die bestehenden ungeheuren Schwierigkeiten politischer Art überwunden werden, um die deutsche Flotte auch zahlenmäßig in die Lage zu versetzen, den ihr zufallenden Aufgaben gerecht zu werden.»

Kriegsmarine im Einsatz

Die Realität holte die Planungen der Marineführung schon bald ein. Im Mai 1939 gab die Kriegsmarineführung ihre Kampfanweisungen für den Fall Weiß, den Angriff auf Polen, heraus. Am 21. bzw. 24. August liefen die beiden Panzerschiffe auf Kreuzerkriegspositionen in den Atlantik aus. Mit dem 3. September befand sich das Deutsche Reich nicht allein mit Frankreich sondern auch mit Großbritannien im Kriegszustand.

2 deutschen Schlachtschiffen, 3 Panzerschiffen, 1 schweren und 6 leichten Kreuzern sowie 21 Zerstörern und 12 Torpedobooten standen allein 15 britischen Schlachtschiffe, 7 Flugzeugträger, 15 schwere und 49 leichte Kreuzer sowie 192 Zerstörer gegenüber. Die deutsche Flotte, die sich in den unterschiedlichsten Baustadien auf den Helgen der Werften befand, war größer als die in den Häfen lag. Nach einer Zusammenstellung vom 10. Juli 1939 war von Juli 1939 bis zum 1. April 1940 die Kiellegung der Schlachtschiffe H–Q geplant. Ihre Fertigstellung sollte in der Zeit von 1943 bis 1945 erfolgen. Auf den Helgen lagen die Kreuzer M–O, der Flugzeugträger B, Zerstörer und U-Boote. Das mit Kriegsbeginn in Kraft tretende Mobprogramm verordnete, daß von den Z-Planvorhaben nur die im Bau weit fortgeschrittenen Schiffe «Bismarck», «Tirpitz», «Graf Zeppelin», «Prinz Eugen» und «Seydlitz» fertiggestellt werden sollten. Alle übrigen großen Schiffsbauvorhaben wurden gestoppt. Vom Baustopp ausgenommen waren U-Boote, Zerstörer, T-Boote, S-Boote und weitere Fahrzeuge dieser Größenordnung. Ein Schreiben vom 4. Oktober 1939 aus den Akten des Amtes Kriegsschiffbau, aus dem im Oktober das Hauptamt Kriegsschiffbau wurde, führt die komplizierte Lage der Marinerüstung schon bei Kriegsbeginn drastisch vor Augen:

«1. Umbau und Ausrüstung der Hilfsschiffe.
Die Arbeiten sind, soweit von hier übersehen werden kann, von den Werften planmäßig durchgeführt worden.

Schwierigkeiten traten auf bei den Sperrbrechern, für die ein sofortiger Bedarf von 150 000 Eisenfässern auftrat, der friedensmäßig nicht sichergestellt worden war, da die Entscheidung über die Ausführung (Holz oder Eisen) noch ausstand. Durch außergewöhnliche Maßnahmen der Herstellfirmen (veranlaßt durch Admiral KMD, Hamburg) konnte der Bedarf rechtzeitig gedeckt werden.

Die mit A II ca 2181/39 GKdS. vom 27. 9. 39 angeordnete Aufstellung von 7 Handelsschutzkreuzern (schweren Hilfskreuzern) an Stelle der gem. BH 39 vorgesehenen 3 schweren und 2 leichten Hilfskreuzer bedeutete eine erhebliche zusätzliche Belastung der Umbauwerften auf Kosten der Neubauten.

2. Weiterführung bzw. Stillegung von Friedens-Neubauten. Die Unterrichtung der Werften erfolgte durch W In auf

Grund der friedensmäßig getroffenen Festlegung (BB T 1840 GKds. vom 28. 7. 39) nach Anweisung durch Schreiben Nr. 7606 g. BB TVU vom 28. 3. 39. Eine Unterrichtung der Unterlieferfirmen über die Zurückstellung von Friedensaufträgen, die von den Werften als Auftraggeber durchgeführt werden muß, ist noch nicht im vollen Umfange erfolgt.

3. Anlauf des Mob-Schiffneubauplanes.

In der Sitzung beim Amtchef K am 4. 9. 39 (Niederschrift K III 470/39 GKds. vom 5. 9. 39, eingegangen mit B Wi 9645/GKds.) war festgelegt worden, daß der Mob-Schiffsneubauplan 1939/41 unverändert zur Durchführung gelangen soll.

Wenige Tage später wurde von K mit den Werften über weitgehende Belegungsveränderungen verhandelt und hiernach ein neuer Lieferplan aufgestellt. B Wi und die W In wurden nicht beteiligt und auch nicht unterrichtet. Durch U I ZB 1300 GKds. vom 16. 9. 39 (8 Wi 9689) erhielt B Wi erstmalig genaue Kenntnis über den neuen Plan, der gegenüber dem Mob-Schiffsneubauplan folgende wesentliche Änderungen enthält:

	monatlich
T-Boote	1 statt 4
U-Boote Typ IX	3 statt 2
U-Boote Typ VII C	8,5 statt 4
U-Boote Typ II C	zunächst 1,5 später 0 statt 3
S-Boote	5 statt 4
Fischdampfer	3 statt 9

Den W In wurde durch die am 23. und 29. 9. von K abgesandten Änderungen der Mob-Aufträge hiervon Kenntnis gegeben. Bei den Werften lief die Fertigung nach diesem Plan an.

Weitere grundlegende Änderungen durch ein erhöhtes U-Bootbauprogramm sind in Vorbereitung. Eine nochmalige erheblich geänderte Neufestlegung der Belegung eines Teils der Werften wird hierdurch notwendig werden.

Unterlieferungen und vorbehaltene Lieferungen für die Kriegsneubauten.

Auf Grund der friedensmäßig ausgegebenen Belegungspläne wurden von BWi Anfang September Listen der sichergestellten Unterlieferungen für die einzelnen Schiffstypen aufgestellt. Die Ausgabe dieser Listen an die Werften verzögerte sich infolge der Ungewißheit über die neue Werftbelegung bis Ende September. Die friedensmäßig durchgeführte Sicherstellung eines Teiles der wichtigen Unterlieferungen ist nach dem augenblicklichen Stand der Fertigung mengenmäßig ausreichend für Zerstörer, T-Boote, M-Boote und R-Boote, dagegen nicht für die U-Boote und S-Boote. Eine Neuverteilung des Bedarfes an Unterlieferungen auf die Herstellerfirmen ist auch deshalb im gewissen Umfange notwendig geworden, weil infolge der raschen Fortentwicklung sämtlicher Kriegsschifftypen die von BWi durchgeführten friedensmäßigen Planungsarbeiten in Rückstand geblieben waren.

Die Neuverteilung von Unterlieferungen und vorbehaltenen Lieferungen wurde duch K unter Mitwirkung von B Wi auf folgenden Gebieten in Angriff genommen:

a) Hauptdiesel für S-Boote

b) elektrische Hilfsmaschinen

c) Kommandoanlagen für Schiffsbetrieb

d) Kurbelwellen und Treibstangen für Hauptmaschinen

Weiterhin ist die Neufestlegung der Unterlieferungen auf folgenden Gebieten notwendig:

e) Hauptmaschinen für U-Boote

f) Hilfsmaschinen für U-Boote

g) Druckluftbehälter für U-Boote

h) Einrichtung und Ausrüstung für U-Boote.»

Eine zusätzliche Schwierigkeit erwuchs der Marinerüstung nach Kriegsbeginn aus den Exportverpflichtungen der verschiedenen Firmen. Wenn auch an Anzahl relativ gering, stellten sie doch bei der außerordentlichen Inanspruchnahme duch die Kriegsmarine eine nicht zu unterschätzende Belastung und für die betreffenden Firmen eine ernste Versuchung dar. So antwortete die Firma Lürssen auf ein Angebot aus Polen vom 9. Juli 1937, daß sie mit Erlaubnis der deutschen Behörden bereit sei, MTB 30 zu liefern, der Preis je Boot, «komplett ausgerüstet mit Torpedorohren, aber ohne Zielgerät, mit Wabogeräten, mit Nebelanlagen, mit FT-Anlage und Scheinwerfern, jedoch ohne Geschütz und ohne MG, beträgt 720 000,–RM.»

Das Protokoll einer Besprechung am 28. September 1939 beim Amtschef B, an der Vizeadmiral von Fischel und Konteradmiral Fuchs teilnahmen, gibt über das ungefähre Ausmaß der Auslandsaufträge Aufschluß. Ihm zufolge war für die Türkei ein U-Boot in Bau. Für Rumänien sollten 2 U-Boote und ein Überwasserminenleger, für Jugoslawien 4 S-Boote sowie eine ungenannte Zahl von U-Booten und für Bulgarien dergleichen Boote gebaut werden.

Das wirklich große Geschäft lief mit der UdSSR. Am bekanntesten ist der Verkauf des Kreuzers L. Der Vertrag hierzu wurde zwischen Vsesojushnoje objedinenije maschinoimport der UdSSR, vertreten durch die Herren Saizew, Petr Alexejewitsch und Solowjew, Pawel Iwanowitsch, und der Schiffsverkaufsgesellschaft m.b.H., vertreten durch Konteradmiral a.D. Goehle, am 12. Juli 1940 geschlossen. Nach Artikel 1 des Vertrages übergibt die deutsche Seite der UdSSR als dem Besteller die vom OKM aufgestellten und in der deutschen Kriegsmarine gültigen allgemeinen Bauvorschriften, Normen, technischen Bedingungen, Beschreibungen, Justiervorschriften, Abnahmevorschriften sowie die Erprobungsergebnisse der Kreuzer «Blücher» und «Hipper». Die gleichen Unterlagen übergibt sie für den Kreuzer L. Sie übergibt außerdem «für den Fertigbau des Kreuzers L alle Bauteile, Waffen, Munition, Torpedos, Maschinen, Apparate, Bordflugzeuge, Bomben, Einrichtungen und Ausrüstungsgegenstände ... die nach den Plänen, Bau- und Ausrüstungsvorschriften der deutschen Kriegsmarine zu dem Schiff gehören ... Der Besteller wird das Schiff auf der von ihm zu bezeichnenden Werft in Leningrad, im Nachbau ... nach den deutschen Plänen und Bauvorschriften fertigbauen lassen und die für das Schiff vorgesehenen, von der ‹Deschimag› bzw. dem OKM Dritten in Auftrag gegebenen Lieferungen nach ihrer ordnungsmäßigen Abnahme in das Schiff einbauen lassen.» Schließlich stellt die deutsche Seite eine Bauvertretung, aus einem Leiter und nicht mehr als 20 Personen bestehend, die in Leningrad bis zur Beendigung der Probefahrten, längstens bis zum 31. Juli 1942, tätig ist. Die Garantiefrist beträgt ab Fertigstellung des Schiffes 12 Monate und erstreckt sich längstens bis zum 31. März 1943. Über die Kosten vereinbarten die Partner: «Der Besteller zahlt dem Lieferanten für die Erfüllung aller Verpflichtungen aus diesem Vertrag ... 100000 Millionen Reichsmark (Einhundert Millionen). Der Preis schließt die Kosten für die Überführung des Schiffes nach Leningrad gemäß Artikel 5 und für die Bauberatung sowie für die übrigen Lieferungen, die Versandkosten fob Stettin oder fob Hamburg oder frei sowjetisch-deutsche Grenze ein.»

Das Schicksal des ausgelieferten Kreuzers L ist weitgehend bekannt. Weniger bekannt ist, daß dies nicht das einzige deutsch-sowjetische Geschäft auf dem Gebiet der Marinerüstung war. Aus einer unvollständigen Liste des Amtes Kriegsschiffbau gehen als weitere «Russenaufträge» hervor: 10 Hochseefischdampfer, 2 Werkstattschiffe, 2 Hebeschiffe, 3 Eimerbagger, 2 Saugbagger, 1 Ponton für einen 100 t Kran, 6 schwimmende Kohleverladeanlagen, 1 Dampfschwimmramme, 4 Maschinen, Kessel und Hilfsmaschinen für Schiffsantrieb, 1 350-t-Schwimmkran und 1 175-t-Schwimmkran. Diese Aufträge vergaben die deutschen Firmen, darunter Otto Wolff aus Köln, an niederländische Werften als Unterauftragnehmer. Im Dezember 1941 übernahm die Kriegsmarine diese Verträge, auf deren Rechnung die niederländischen Werften die Bauten zu Ende führten.

Der deutschen Werftindustrie fiel es nach Kriegsbeginn immer schwerer, die ihr gestellten Aufgaben zu lösen. Neben der Rohstoffbeschaffung erwies sich wie schon in der Vorkriegszeit die Arbeitskräftebeschaffung, durch Einberufungen zur Wehrmacht bis zum äußersten zugespitzt, als unlösbares Problem. So meldete am 30. Juni 1940 MWa Wi V, daß durch den seit Jahresbeginn bestehenden Fehlbedarf an Arbeitskräften Verzögerungen bei der Abwicklung des U-Boot-Programms eingetreten sind. Derartige Alarmmeldungen wurden fortan zur Regel. Im September 1940 registrierte diese Dienststelle bei den 65 wichtigsten Werften und W-Betrieben einen Fehlbedarf von 13 303 Arbeitskräften bei einem Mehrbedarf von 7 050. Mit der Besetzung des westlichen Europas griff auch die Marine auf ausländische Arbeitskräfte zurück. Im Januar 1942 berichtete M WA Wi V:

«... 2. Für die Marine-Fertigung sind insgesamt noch 14 980 ausländische Arbeitskräfte angefordert. Auf die einzelnen Länder aufgeteilt, ergibt sich folgendes Bild:

	angefordert	noch zu stellen
Dänemark	1 331	902
Holland	1 015	701
Belgien	1 005	569
Protektorat	1 465	1 238
Generalgouvern.	3 290	3 290
Spanien	1 720	1 520

...«Italien habe, so meldete der Bericht, 9408 Arbeiter gestellt und damit zu 50 Prozent die Anforderungen erfüllt.

Mit Dauer des Krieges nahm auch die Zahl der Staaten, die Arbeitskräfte für die deutsche Marinerüstung stellen mußten, zu. 1942 kamen mehr als 10000 Arbeiter aus Estland, Frankreich, Jugoslawien und Ungarn. Völlig neue Perspektiven schienen sich diesbezüglich durch die großen Anzahlen sowjetischer Kriegsgefangener für die Marinebetriebe zu eröffnen. Bereits im Februar 1942 teilte M WA Wi V mit: «Der Einsatz von russischen Kriegsgefangenen und Zivilarbeitern wird von allen maßgebenden Stellen besonders vorangetrieben. OKM M WA Wi hat Herrn Schadelmann von der Deschimag-Bremen einer nach Südosten Rußlands reisenden Kommission in Rownow angeschlossen.» In dem Tätigkeitsbericht vom 10. August 1942 heißt es: «Die forcierte Russenzuweisung erbrachte für die Marine etwa 7700 Kräfte, so daß jetzt rund 17700 Russen für die Marinefertigung eingesetzt sind. Weitere 20000 waren am 15.7. noch angefordert. Nachdem GB Arbeit vom April bis Juli rund 1300000 Russen einschließlich Kriegsgefangener in Deutschland zum Einsatz gebracht hat, wird die Zuführung von Russen voraussichtlich wesentlich eingeschränkt.»

Von den im Bau befindlichen Großkampfschiffen konnten noch die «Bismarck» und die «Tirpitz» in Dienst gestellt werden. Die Euphorie des Sieges im Sommer 1940 setzte bei der Seekriegsleitung Überlegungen zu Flottenstärken frei, die wohl ziel- und gegnerbezogen, aber vom Reich selbst zum Zeitpunkt seiner größten politischen und wirtschaftlichen Machtausdehnung nicht einlösbar waren. «Eine Kernflotte», so konstatiert Michael Salewski in seiner schon erwähnten Untersuchung, «die den Gegnern der Zukunft ebenbürtig sein sollte, hätte nach den Berechnungen der Seekriegsleitung aus 60-80 Großkampfschiffen, 1520 Flugzeugträgern, 100 Kreuzern, 500 U-Booten bestehen müssen. Für den Handelsschutz und rückwärtige Dienste wurden u. a. 115 Kreuzer, 250 Zerstörer, 100 Torpedoboote, 400 Minensuch- und Räumboote, 20 Minenschiffe, 20 Flak-Kreuzer und 150 U-Jäger für notwendig gehalten. Natürlich waren solche Zahlen praktisch nicht erreichbar, ein vorläufiges Endziel reduzierte sie vor allem im Bereich der Schlachtschiffe, Träger und Kreuzer. Da selbst diese verkleinerte Flotte zunächst unrealisierbar schien, begnügte sich die Operationsabteilung mit der Forderung nach 25 Großkampfschiffen, 8 Trägern, 50 Kreuzern und 400 U-Booten für die Kernflotte und 150 Zerstörern, 50 Torpedobooten, 250 Minensuch- und Räumbooten, 100 Schnellbooten, 20 Minenschiffen, 20 Flak-Kreuzern und 100 U-Jägern für die unterstützenden Dienste.

Tatsächlich waren diese Zahlen im Grunde bescheiden, wenn sie in ein Verhältnis zu der vereinigten Flottenstärke der USA, Englands und Japans gesetzt und dabei die vielfältigen Aufgaben einer neuen deutschen Kriegsmarine in Betracht gezogen wurden. Dennoch barg auch dieser Flottenplan den in allen voraufgegangenen Bauplänen der Marine enthaltenen Fehler: Die schweren klassischen Überwassereinheiten wurden überbewertet, die modernen Seekampfmittel – Träger, U-Boote, Flugzeuge – in ihrer wachsenden Bedeutung nicht voll erkannt.»

Diese, nach Salewski, «in jenen Wochen vielfach hervorbrechende Großmannsucht, die in der Beherrschung und Aufteilung der Welt das Endziel deutscher Außenpolitik sah», schlug sich auch in den entsprechenden Stützpunktvorstellungen nieder. War der im Herbst 1940 geplante U-Bootstützpunkt Warnemünde noch Vorstellungen vom Krieg gegen den Osten geschuldet, sind die Planungen für Drontheim bereits als Ausfluß von Weltmachtambitionen zu werten. In Warnemünde sollten für die Kriegsdauer im Hafenbecken südlich des Güterbahnhofs Liegeplätze und Versorgungsanlagen für eine U-Ausbildungsflottille errichtet werden. Es sollten 1 Wohnschiff, 2 Zielschiffe, 1 U-Tender, 1 Wasser- und 1 Versorgungsfahrzeug, 2 Torpedoboote und 9 U-Boote untergebracht werden. Die Akten des Amtes Kriegsschiffbau hierzu enthalten auch die Notiz vermutlich vom Juli 1941, daß für die Großwerft Drontheim ein Personalbedarf von 26000 Arbeitern und rund 5000 Beamten und Angestellten veranschlagt wurde. Der Gesamtflächenbedarf ist mit 2500000 Quadratmetern beziffert. Der Arbeitskräftebedarf für das Arsenal ist mit 9000 Arbeitern sowie 4500 Beamten und Angestellten und der Flächenbedarf mit 1000000 Quadratmetern angegeben. Auf der Werft sollten jährlich 1 Schlachtschiff gebaut und 2 Schlachtschiffe, 6 Spähkreuzer und 24 U-Boote instandgesetzt werden.

Solche überdimensionierten Pläne wurden nicht allein in den operativen Führungskreisen der Kriegsmarine geschmiedet. Zwischen dem 8. und 14. Juni 1941 schrieb der Referent im Marinewaffenamt, Marineoberbaurat Günter Ludwig, die Gedanken «eines Kriegsschiffbauers über die deutsche Kriegsmarine und den deutschen Kriegsschiffbau nach einem gewonnenen europäischen Kriege» nieder. Er ging davon aus, daß nach dem Krieg ein europäisch-afrikanisches und japanisches Kraftfeld der Achsenmächte einerseits und ein nordamerikanisches andererseits aufeinander einwirkten, weshalb der von Deutschland geführte europäisch-afrikanische Block angesichts des mächtigen nordamerikanischen maritimen Gegners eine starke Flotte brauche.

Es seien also Schiffe zum Schutze der Handelslinien nach Afrika und solche zur Störung und Unterbindung des amerikanischen Handels im Atlantischen und Stillen Ozean zu bauen. Eine künftige Flotte mit diesen Funktionen habe aus 4000 bis 5000 großen Handelsstörern zu bestehen, jeweils bestückt mit sechs 15 cm Geschützen auf Drehscheibenlafette, versehen mit angemessener Torpedoarmierung, ausgestattet mit Diesel als Hauptantrieb und einer Hochdruckdampfanlage als Höchstleistungsantrieb und bewaffnet mit Flak zum Selbstschutz. Neben dem Typ Handelsschutzkreuzer wurde als zweiter Typ ein Schlachtschiff ins Auge gefaßt, «mit stärkster technischer Armierung, der größtmöglichen Standfestigkeit, einer hohen operativen Geschwindigkeit und einer taktischen Geschwindigkeit, die es dem unterlegenen Gegner schwer macht, sich von meinem Schlachtschiff zu lösen.» Die Schlachtflotte wird von Ludwig mit 25 Schlachtschiffen, 200 Kreuzern und 100 Flugzeugträgern sowie U-Booten für die atlantischen Gewässer dimensioniert. Noch im Schlachtschiffdenken befangen, zählte Ludwig die Träger zu den Sonderschiffen, die, obwohl Stützpunkte besser wären, in weiten Seeräumen gebraucht würden. Er favorisierte als Typen die «Saratoga» und die «Lexington» der US-Navy. Selbstverständlich enthält sein Forderungskatalog auch eine entsprechende Anzahl von Zerstörern, S-Booten und anderen Fahrzeugen. Schließlich regte Ludwig umfangreiche Änderungen in der Organisation des Kriegsschiffbaues, eine Marinetechnische Akademie, Meisterschulen wie auch Handwerkerschulen an.

Der tatsächliche Kriegsverlauf zu Lande und zu Wasser stand im krassen Gegensatz zu diesen Höhenflügen. Trotz der militärischen Erfolge des Reiches konnten die Verzögerungen bei der Marinerüstung, vor allem bei dem an erster Stelle stehenden U-Bootprogramm nicht wettgemacht werden. In einem Papier des OKM vom 28. September 1940 werden als Gründe für diese Verzögerungen genannt:

1. Mangel an Arbeitskräften infolge Einberufung zum Wehrdienst;
2. Fehlende Rohstoffe;
3. Probleme bei Material- und Teillieferungen;
4. Neue Aufgaben: Seelöwe, Sperrbrecher, Reparaturen, Russenlieferungen;
5. Transportschwierigkeiten;
6. Arbeitschwierigkeiten (Verdunkelung, Fliegeralarm);
7. Ungewöhnlich strenger Winter.

Zuvor schon am 6. Juli 1940 hatte Admiral Schniewind darauf hingewiesen, daß sich eine eingeschränkte Seefähigkeit einzelner Schiffstypen erwiesen hätte, weshalb er folgendes anordnete: «Konstruktionsverbesserungen zur Herstellung einer unbedingten Betriebssicherheit und Seefähigkeit. Gefordert werden keine hohe Leistungen, sondern hohe und zuverlässige Dauerleistungen von Maschine und Schiff.» Auch im Aktenbestand des Amtes Kriegsschiffbau befindliche Berichte der eingesetzten Schiffe bestätigten Schniewinds Feststellung. Aus den Erfahrungen in punkto Seefähigkeit und Artillerieanlagen, die im Verlaufe von vier Unternehmungen in den nördlichen Gewässern auf der «Scharnhorst» gesammelt worden waren, geht hervor: Die Formgebung des Schiffes führt bei kriegsmäßig aufgefüllten Beständen und dem sich daraus ergebenden tatsächlichen Tiefgang sowie der sich daraus ergebenden tatsächlichen Trimmlage schon bei geringen Fahrstufen zur völligen Überflutung des Vorschiffs. Dann wird auf mechanische Schäden bei den 15 cm-, 10,5 cm- und 3,7 cm-Geschützen sowie den weitgehenden Ausfall der elektrischen Anlagen hingewiesen. «Turm A konnte am 9.4. mit Behelfsmitteln und bei nur gelegentlicher Beteiligung am Schießen 8 Salven feuern, danach war er mit allen Richt-, Abfeuer- und Bewegungseinrichtungen ausgefallen und schied aus, während der Gegner «Renown» ein zweistündiges Feuergefecht bei völlig gleichen Verhältnissen (Kurs, Fahrt, Wetter) mit beiden Backstürmen bei auffallend guter Feuergeschwindigkeit zu halten vermochte.»

Die Seekriegsleitung verallgemeinerte die Erfahrungen des ersten Kriegsjahres in einer Denkschrift und resümierte aus diesen Forderungen an künftige Kriegsschiffbauten. Michael Salewski, der diese Denkschrift ausgewertet hat, gelangt zu einem vernichtenden Urteil. Beklagt wurde vor allem die Störanfälligkeit der Maschinenanlagen, die lange Reparaturzeiten nach sich zog, wodurch die infolge des begrenzten Fahrbereichs der Schiffe ohnehin ungenügende Seeausdauer noch weiter eingeschränkt wurde. Die ranke Bauweise der Schiffe, worauf auch im oben zitierten «Scharnhorst»-Bericht hingewiesen wird, wirkte sich ungünstig auf die Waffenwirkung aus. Die technisch anspruchsvollen Fahrzeuge verlangten ein gut ausgebildetes und auch erfahrenes Personal, dessen Aus- und Weiterbildung im Verlauf des Krieges immer schwieriger wurde.

Großen Erwartungen verband die Marineführung mit der Fertigstellung der beiden Schlachtschiffe «Bismarck» und «Tirpitz». Das Schlachtschiff F («Bismarck») wurde am 24. August 1940 in Dienst gestellt. Seine E.K.K.-Erprobung (E.K.K. = Erprobungskommission für Kriegsschiffbauten) wurde noch im selben Jahr am 23. November beendet. Im Kommissionsbericht vom 16. April 1941 heißt es, daß der Fahrbereich militärisch vollauf befriedige, während über die Seeigenschaften bei ausschließlicher Erprobung auf der Ostsee kein endgültiges Urteil abgegeben werden könne. Die Einschätzung im einzelnen ist zurückhaltend. Die Manövriereigenschaften werden in Anbetracht der Größe des Schiffes als ausreichend, die Unterbringung der Besatzung wird in gesundheitlicher und militärischer Hinsicht als einwandfrei, die Schwere der Artillerie als zufriedenstellend und ihr technischer Zustand als betriebsklar eingeschätzt. Das zusammenfassende Urteil lautet:

«Das Schiff kann im Ganzen genommen – vorbehaltlich des endgültigen Urteils über Artilleriebewaffnung – als wohlgelungener Neubau sowohl in Bezug auf Konstruktion wie auf Bauausführung bezeichnet werden. Hinsichtlich seines militärischen Wertes dürfte es keinem Schlachtschiff anderer Marinen nachstehen.»

Das Schlachtschiff G («Tirpitz») lief am 1. April 1939 von Stapel und wurde am 25. Februar 1941 in Dienst gestellt. Es hatte laut Schiffsmeßbrief vom 24. Februar 1941 eine Länge in der Wasserlinie von 241,0 m und eine größte Breite von 36,0 m. Die Geschichte beider Schiffe, in denen gewissermaßen der Großkampfschiffbau der Kriegsmarine kulminiert, ist in der vorliegenden Literatur bis in alle Einzelheiten dargestellt worden. Die Operation Rheinübung sowie Kampf und Untergang der «Bismarck» im Mai 1941 gelten als Höhepunkt des Einsatzes der schweren Überwassereinheiten der Kriegsmarine. Die ab Januar 1942 in Norwegen stationierte «Tirpitz» nahm nur noch an wenigen Operationen teil. Der Bedrohung wegen, die von ihr potentiell für die Geleitzugsrouten im Norden ausging, versuchte die britische Marine immer wieder dieses Schlachtschiff auszuschalten. Schließlich brachte der dritte Angriff landgestützter Bomber den Erfolg. Am 12. November 1944 kenterte die «Tirpitz» infolge Bombeneinwirkung. Mehr als 1 200 Mann der Besatzung verloren das Leben. Der Verlust des letzten Schlachtschiffes der Kriegsmarine sollte noch in der Endphase des Zweiten Weltkrieges ein gerichtliches Nachspiel haben. Der Oberbefehlshaber der Kriegsmarine verlangte insofern eine kriegsrichtliche Untersuchung, als das Schiff entgegen der Meldung des Kommandanten, Kapitän zur See Junge, «nicht kentersicher verankert war.» Wie aus bisher nicht zugänglichen im Militärarchiv Prag lagernden Akten des Reichskriegsgerichts (wovon sich Kopien seit annähernd zwei Jahren im Potsdamer Militärarchiv befinden) hervorgeht, wurden Ermittlungen gegen den Kommandanten und die zuständigen Marine- und Luftwaffenbefehlshaber Norwegens durchgeführt. Es sollte geklärt werden, wer für das Kentern der «Tirpitz» verantwortlich sei.

Das Reichskriegsgericht sprach am Ende alle Verantwortlichen von einer Schuld frei.

Nach etwa drei Kriegsjahren war aus der für den ozeanischen Einsatz konzipierten Kriegsmarine eine Flotte aus überwiegend mittleren Schiffen und Booten geworden, deren Hauptschlagkraft die U-Bootwaffe war. Der militärischen Lage des Reiches und den Möglichkeiten der Kriegsmarine Rechnung tragend, verlangte Hitler zu Jahresbeginn 1943 die Außerdienststellung der großen Schiffe. Es betraf die Schlachtschiffe «Tirpitz» und «Scharnhorst», die schweren Kreuzer «Admiral Scheer», «Lützow», «Hipper» und «Prinz Eugen», die leichten Kreuzer «Köln», «Nürnberg», «Emden» und «Leipzig» sowie die veralteten Linienschiffe «Schleswig Holstein» und «Schlesien». Großadmiral Raeder zog die Konsequenzen und trat als Oberbefehlshaber zurück. Sein Nachfolger wurde, nachdem die U-Bootwaffe Hauptschlagkraft war, der bisherige BdU, Admiral Dönitz. Von nun ab galt, wie er in seiner Antrittsrede am 2. Februar 1943 unterstrich: «Die Seekriegführung ist U-Bootkrieg. Den Forderungen, den dieser stellt, ist rücksichtslos alles andere nachzustellen.»

Eine der Ursachen für das Scheitern der Überwasserkriegführung lag in der fehlenden Luftkomponente. Das hatte noch im Frühjahr 1942 dazu geführt, daß der ObKM auf Anregung Hitlers den Umbau der Passagierschiffe «Europa», «Gneisenau» und «Potsdam» zu Hilfsträgern verfügte und am 20. Mai 1942 anordnete, den Träger «Graf Zeppelin» fertigzustellen. Inzwischen hatte Hitler noch zusätzlich den Umbau der in Bau befindlichen «Seydlitz» zum Flugzeugträger angeregt. Bei näherer Prüfung dieser Projekte stellte sich heraus, daß erstens die Hilfsträger nur begrenzten Einsatzwert haben würden und zweitens der Umbau der genannten Passagierschiffe ebenso wie die Fertigstellung des Trägers «Graf Zeppelin» zu Lasten der übrigen Marinerüstungen, insbesondere des U-Bootprogramms, gingen, was Raeder ablehnte. Man glaubte, dem derzeit deutscherseits unlösbaren Widerspruch zwischen militärischen Notwendigkeiten und industriellen Möglichkeiten mit einer neuen Dringlichkeitsfolge Herr zu werden, dergemäß der Fertigbau des Trägers «Graf Zeppelin» und der Umbau des Passagierschiffes «Europa» an 5. Stelle, die Steigerung der U-Bootproduktion an 6. Stelle und der Umbau der Passagierschiffe «Potsdam» und «Gneisenau» an 7. Stelle rangierten. Obwohl hierfür nie ausreichend Arbeitskräfte zur Verfügung gestanden hätten, wurde dennoch der Vorschlag geboren, den französischen Neubau «De Grasse» als Flugzeugträger zu vollenden. Schließlich machten die Ende 1942 eingeschränkten Stahl- und Eisenzuteilungen an die Marine alle diese Überlegungen gegenstandslos. Das fehlende Schiffsbaumaterial konnte auch durch Führerweisungen nicht beschafft werden. Führte bei den schweren Überwasserkräften deren erneute Überschätzung in die Sackgasse, war dafür bei den Trägern eine zu lang geübte Unterschätzung der Luftkomponente des Seekriegs der Grund. Obwohl Hitler in der entscheidenden Besprechung am 6. Januar 1943 die Außerdienststellung der Großkampfschiffe verlangte, gab er dennoch zu bedenken, die vorgesehenen 3 Träger zu belassen und weitere Schiffe zu solchen umzubauen. Der ObKM lehnte dies mit der Begründung ab: «Flugzeugträger allein haben nur in Ausnahmefällen beschränkte Operationsmöglichkeiten.» Daher endete im Februar 1943 mit dem Großkampfschiffbau auch der Flugzeugträgerbau in der Kriegsmarine.

Den neuen Gegebenheiten folgend, revidierte Raeder-Nachfolger Dönitz im Juni 1943 das Flottenbauprogramm. Auf fünf Jahre befristet, stellte es den Versuch dar, die Marinerüstung der entstandenen Kriegslage anzupassen. Überwasserkriegsschiffe sollten nur noch bis zur Größe von Zerstörern und von diesen jährlich 8 gebaut werden. Hingegen sollten monatlich 40 U-Boote geliefert werden. Von Verlusten abgesehen, wären der Kriegsmarine dem revidierten Programm zufolge innerhalb von fünf Jahren 2 400 U-Boote, 40 Zerstörer, 60 T-Boote, 424 S-Boote und eine größere Anzahl von Sicherungs- und Vorpostenfahrzeugen zugewachsen. Obgleich dieses Programm die neue Situation im Seekrieg reflektierte, stand es wie seine Vorgänger von Anbeginn im Gegensatz zu den wirtschaftlichen Möglichkeiten des Reiches. Im Sommer 1943 war der Kampf der Kriegsmarine, sieht man von der U-Bootkriegführung ab, auf das Küstenvorfeld und die hierfür benötigten Kräfte beschränkt.

Sicherlich war der Kriegführung im Küstenvorfeld von Beginn an sehr sorgfältig Rechnung getragen worden, dennoch blieben auch hier die Möglichkeiten weit hinter den Erfordernissen zurück. Das Hauptaugenmerk galt Minensuch- und Räumfahrzeugen. Zum Bau spezieller U-Jagdschiffe kam es nicht. Es gelang bis Kriegsbeginn einen Kern aktiver Minensuch- und Räumkräfte zu bilden, um den im Mobfalle die aufzustellenden Sicherungskräfte geschart werden sollten. Fahrzeuge und Personal dieser Kräfte wurden vor allem aus der Fischereiflotte abgezogen. Mit welchen Problemen das verbunden war, kann dem schriftlichen Bericht eines Diplomingenieurs Hansen vom 23. Dezember 1937 entnommen werden, der sich in den Akten des Amtes Kriegsschiffbau vorfindet. Es geht um Erfahrungen, die beim Umbau von Fischereifahrzeugen gesammelt wurden, die in Spanien eingesetzt werden sollten. Als am 5. März 1937 die aus solchen Fahrzeugen bestehende Vorpostenflottille auf Marsch ging, mußte dieser bald abgebrochen werden, da bei zwei Fahrzeugen schwere Materialfehler gemeldet wurden. Es wurde eine Grundüberholung aller Boote befohlen. Dabei stellte sich heraus, «daß die Klasse des Germanischen Lloyds für einen einwandfreien Zustand der Boote keinerlei Anhalt bot und daß derart schwere Fehler an Schiff und Maschinen waren, daß für ein so großes Unternehmen, wie geplant, Sicherheit nicht vorhanden war.» Die ursprünglich veranschlagten vier Wochen Werftliegezeit dehnten sich auf zwanzig aus. Die Kosten je Boot stiegen nach dem zweiten Umbau auf 265 000 Reichsmark, während die Neubaukosten für solche Fahrzeuge derzeit lediglich 300 000 bis 320 000 Reichsmark betrugen. Die Marineführung glaubte auf solche kostspieligen Aushilfen dennoch nicht verzichten zu können, weil nach der Dringlichkeitsfolge Großkampfschiffe und U-Boote vor «Fahrzeugen der Dritten Flotte», wie sie Rolf Güth 1986 in Schiff und Zeit nannte, rangierten. Auch im Z-Plan werden diese Fahrzeuge nur summarisch erwähnt. Ihre «Erstellung» sollte sich nach den Erfordernissen des «Gesamtausbaues» richten. Die Rangordnung der Küstenvorfeldkräfte kann einer Verfügung der SKL vom 23. Februar 1939 entnommen werden: An erster Stelle standen die M-Boote. Es folgten alle K-Boote, die S- und die R-Boote sowie schließlich die M-Schiffe und die MR-Schiffe.

Bis zum 30. April 1940 hatte die Kriegsmarine 209 Fischereifahrzeuge beschlagnahmt, die auf Umbauwerften für den militärischen Einsatz hergerichtet wurden. Ende Oktober 1939 standen 12 Minensuch- und 2 Räumflottillen, 3 U-Jagdflottillen, 3 S-Gruppen, 7 Minenschiffe, 6 Transport- und 2 Minenräumschiffe sowie 28 Fischereifahrzeuge als Reserve bereit. Ende 1940 hatte sich die Zahl der bei den Sicherungsstreitkräften eingesetzten Fahrzeuge auf 1 000 erhöht. Da die eigenen Aufkommen nicht ausreichten, machten zahlreiche Beutefahrzeuge das Bild dieser Verbände noch bunter. Im weiteren Verlaufe des Krieges stieg die Zahl der Sicherungsfahrzeuge auf 3 000 und deren Personal auf 100 000 Mann an. Die Sicherungsstreitkräfte kulminierten in 42 MS-Flottillen, 19 R-Flottillen, 6 Sperrbrecherflottillen, 31 Vorpostenflottillen, 10 U-Jagd-Flottillen, 16 Sicherungs- und 8 Geleitflottillen. Die Verluste dieser Streitkräfte waren mit 2 000 Fahrzeugen relativ hoch. Die Ersatzbeschaffung wurde von Kriegsjahr zu Kriegsjahr nicht nur immer schwieriger, sondern auch immer geringer. Im November 1943 mußte die SKL feststellen, daß die «Zusagen mit einziger Ausnahme der R-Boote nicht erfüllt werden konnten ... im Gegenteil, ein laufender Kräfteschwund bei den Sicherungsstreitkräften» zu verzeichnen ist und die «Bereitstellung der offensiven Kampfmittel, vor allem der U-Boote, nicht mit der erhofften Schnelligkeit möglich» ist. Als Folge dieser Entwicklung wurde der Verlust Norwegens befürchtet. Damit werde aber der U-Booteinsatz, d. h. der Einsatz des einzigen Offensivmittels, an der Wurzel getroffen, weil die Ostseeausgänge nicht mehr offen gehalten werden könnten. Aber auch die Versorgung der Heeresgruppe Nord werde unmöglich. Rohstoffe aus Dänemark und Norwegen könnten nicht mehr zugeführt werden und die innere Verkehrslage werde sich noch mehr durch die Einschränkung des Küstenverkehrs verschärfen.

Dem Tagebuch der SKL ist unter dem 19. September 1944 zu entnehmen, daß zwischen 1/SKL und

Atm QuI die von der Fertigung aufgeworfene Frage erörtert wurde, «ob als Ersatz für Flottenneubauprogramm 1943, das auf die damalige Gesamtkriegslage abgestellt war, ein neues Flottenbauprogramm aufzustellen ist, das der inzwischen stark veränderten Gesamtkriegslage Rechnung trägt.» 1/SKL vertrat die Auffassung, daß auf Grund der sich «sprunghaft» verändernden Schwerpunkte im Seekrieg, eine «eindeutige Bedarfserrechnung» auf lange Sicht kaum möglich ist. Andererseits hätten sich die Forderungen der Kriegführung vom Nordraum bis zum Kanaleingang kaum geändert. Für die Ostsee könnten sich neue Forderungen, «mit erheblich gesteigerten Forderungen an Sicherungsstreitkräfte aller Art» ergeben. Das Mittelmeer, Ägäis und Schwarzes Meer trügen sich größtenteils aus eigenen Beständen und aus eigener Fertigung. Zufuhren an Kriegsschiffen waren meist einmalig begrenzte Aufstellungen (S- und R-Bootsflottillen. Ausnahmen bildeten alle Arten von L-Fahrzeugen sowie KFK's.)

Auf den Typ bezogen, wird festgestellt:

1. Zerstörer: «Aussterben ... unabänderlich».
2. Torpedoboote: Forderungen 12 im Jahr bleibt.
3. Minensuchboote: Forderung des Flottenbauprogramms heute und in Zukunft Mindestforderung.
4. MZ-Boote: Erprobung an der Front abwarten.
5. R-Boote: Für nächste Zeit an 8–9 im Monat festhalten.
6. KFK: 40 Stück im Jahr bleibt.
7. MFP: Entscheidung gegenwärtig nicht möglich.
8. Kriegssperrbrecher: Einschränkung nicht möglich.
9. S-Boote: Über die Senkung der geforderten 25 im Monat kann erst nach Ausfall Hollands nachgedacht werden.

Obwohl diese Überlegungen der Wirklichkeit nahe kamen, blieben sie hinter der Entwicklung zurück. Zu den alten Schwierigkeiten kamen neue, unter denen sich die Luftangriffe der Alliierten auf Werften und Häfen am gravierendsten auswirkten. Schon 1943 meldete das Kriegsmarinearsenal Hamburg dem K-Amt in Berlin bzgl. der Luftangriffe vom 25. Juli bis zum 3. August auf Stadt und Hafen einen materiellen Ausfall der Werften von durchschnittlich 25–30 Prozent, den Totalausfall der gesamten Zulieferungen und das Fernbleiben des größten Teils der Arbeiter vom Arbeitsplatz. Von diesen seien nach den Angriffen nur 5 Prozent am Arbeitsplatz erschienen. Die Werften hofften bis Mitte September 50 Prozent der Gesamtleistung vor den Angriffen wieder zu erreichen. In bezug auf Neubauten und Reparaturen rechneten sie mit Verzögerungen bis zu sechs Wochen. Wohlgemerkt, dies wird 1943 und nicht etwa 1944 gemeldet. Neben der immer schwieriger werdenden Rohstofflage, jetzt sogar bei Bauholz und Karbid, blieb gleichrangig das Arbeitskräfteproblem auf der Tagesordung. Für die Vermehrung der leichten Seestreitkräfte gemäß dem Schiffbauprogramm 1943 war anhand einer Zusammenstellung vom 4. Juni ein Mehrbedarf von 7800 Arbeitern errechnet worden, die auf bisherigem Wege nicht mehr beschafft werden konnten, so daß auch die Marine auf die Sklavenarbeit der KZ-Lager-Insassen zurückgriff. Dazu heißt es in einer Aktennotiz der SKL mit Datum vom 11. Januar unter Punkt 2:

«KZ-Häftlinge:
Bis jetzt eingesetzt: 7800
(von alter Forderung)
Werften können bis 1.4.45 verdauen: 17500
alle notwendigen Abmachungen mit der SS sind getroffen, Werften darauf eingestellt, Unterkünfte werden bereitgestellt. Im Laufe der nächsten Monate sollen kommen:

Januar	4700
Februar	2050
März	750
April	300
	7800»

Eine weitere Quelle der Leistungssteigerung erhoffte man sich aus entsprechender Behandlung der Arbeitskräfte. Für die ihm unterstehenden Werften und Arsenale versandte das OKM am 3. Oktober 1944 ein Schreiben des OKW, worin es heißt, daß von «Dienststellen der Partei und Wirtschaft» immer wieder Klagen «über die schlechte Arbeitsleistung aller Kriegsgefangenen laut» würden. Die Behandlung der Gefangenen müsse unter Berücksichtigung abwehrmäßiger Belange einzig und allein die Steigerung der

«Arbeitsleistung auf das höchstmögliche Maß» zum Ziele haben. Deshalb müsse bei geringen Leistungen die Verpflegung gekürzt werden, die an «besonders fleißige» Gefangene auszugeben sei. Den «Betriebsführern» wurde Vorschlagsrecht für die Bestrafung von Gefangenen eingeräumt. Selbst die Wachmannschaften sollten zur Verantwortung gezogen und streng bestraft werden, wenn sie gegen weniger «fleißige» Kriegsgefangene nicht hart genug einschritten. In den Akten des Amtes Kriegsschiffbau findet sich ein Leistungsbericht der Danziger Werft für das Jahr 1943 mit folgenden Arbeitskräfteangaben vor: «Bis 30.4.44 hat sich die Gesamtbelegschaft auf 7794 erhöht, davon 3080 ausländische Arbeitskräfte = 40% der Gesamtbelegschaft bzw. 45% der Lohnempfänger. Die Zahl der italienischen Militärinternierten stieg auf 1333. Z. Zt. werden 1066 weibliche Kräfte beschäftigt. «Nach diesem Bericht, der vermutlich nicht aus dem Hauptamt Kriegsschiffbau stammt, sondern von sowjetischer Seite als Beutestück nachträglich in den Aktenbestand des Amtes eingefügt wurde, betrug die Zahl der «Lagerinsassen»:

	Reichsdeutsche	Ausländer	Gesamt
31.12.1942	596	1220	1816
31.12.1943	469	2493	2962
31.5.1944	430	2851	3281

Ungeachtet dessen wurde in den Ingenieurbüros an der Weiterentwicklung von Waffen und Geräten, die auch außerhalb der eigenen Zuständigkeit lagen, gearbeitet. Eine Notiz aus den Akten des Amtes Kriegsschiffbau vom 17. Oktober 1944 enthält folgende Auflistung:

«1. Ein ständiges plastisches Bild über Stand und Bewegung der feindlichen und eigenen Luftstreitkräfte und zwar so, daß das plastische Bild auch in unmittelbarer Verbindung mit der Erde und den dort liegenden Zielen gebracht wird.

2. Ausschaltung der Ortung für getauchte U-Boote.

3. Ortung von getauchten U-Booten auf große Entfernungen bei hoher Geschwindigkeit und wirksame Bekämpfung von Gegnern unter, auf und über Wasser.

4. Sparstoffreie Infanteriegeschosse.

5. Einfaches Mittel, um eigene Flugzeuge bei jeder Wetterlage und Tageszeit von feindlichen unterscheiden zu können.

6. Nichtstörbares Verbindungsmittel zur Führung der Tages- und Nachtjagd.

7. Luftgekühlter Dieselmotor 700–1000 PS, betriebssicher, geringer Platz.

8. Zu 7. entsprechendes Wechselgetriebe mechanisch oder hydraulisch oder kombiniert, halb oder vollautomatisch.

9. Panzerplattenmaterial.

10. Griffige Geländekette, auch für Straßenfahrt geeignet (möglichst geringe Beschädigung der Straßendecke).

11. Geräuschfreie oder geräuscharme Schiffsschraube bei hoher Fahrt.

12. Nachrichtenübermittlung vom Flugzeug auf das getauchte U-Boot (möglichst große Entfernung).

13. Sauerstoffgewinnungsanlage für Kreiselmotor (Walther-U-Boot).

14. Entwicklung von Schichten – ultrarot (Fotozellen, Bildwandler für Wellenlänge länger als 1 m).

15. Zielsuchende Geschosse (Richtschaltwert, elektrisches Feld).

16. Sprengladung am Boden eines feindlichen Schiffes (möglichst ohne magnetische Stoffe).

17. Werkstoffprüfung als Ersatz für Plattenbeschuß.»

In einem Schreiben an den Chef des Marinerüstungsamtes, Admiral Backenköhler, vom 21. August 1944 stellte der bereits erwähnte Marinebaudirektor Ludwig fest: «Das Fehlen (einer) übergeordneten schöpferischen Idee und geistigen Führung für das gesamte Bauwerk Schiff wirkt sich nun schon seit über einem Jahrzehnt auf unsere Seerüstung aus und ist nicht nur nach meiner Ansicht die tiefere Ursache für unsere derzeitige maritime Schwäche ... Man möge bei einer geeigneten Seeschiffwerft ein im Sinne dieses Schreibens und der beigefügten Ausarbeitungen geführtes Ingenieurbüro einrichten, das den Auftrag zur Entwicklung und Konstruktion eines für die heutige Kriegslage angepaßten Schiffstyps einschließlich seiner Bewaffnung, seiner Waffenleitmittel und seiner Antriebsanlagen erhält.» Als lageangepaßten Schiffstyp schlug Ludwig ein Motor-Torpedoboot vor.

Von der Forschungsanstalt der Deutschen Reichspost wurde im Februar 1944 ein Schnellboot als

Tauchboot zum Patent angemeldet. Seine Erfinder waren «Dr. Ohnesorg/Wiechern», also der Reichspostminister «persönlich». Die Kurzbeschreibung des Wiechern-Boots lautet:

«Der in beigefügter Zeichnung und Berechnung dargestellte Entwurf eines Tauchkörper-Kriegsschiffes ist als neuartiger Waffenträger für Angriffe gegen feindliche Kriegs- und Handelsschiffe sowie gegen Flugzeuge gedacht.

Der wesentliche Vorteil des Projektes wird darin erblickt, daß das Schiff im Gegensatz zu allen üblichen Schiffstypen, einschließlich Oberflächen-, Schnell- und Tragflächenbooten, auch bei hohem Seegang große Geschwindigkeiten entwickeln kann und eine vom Seegang verhältnismäßig wenig beeinflußte, ruhige Schießplattform bei großer Schiffswendigkeit bildet. Außerdem bleibt das Schiff mit dem kleinen Überwasserteil der feindlichen Sicht länger verborgen als ein normales Überwasserschiff gleicher Kampfkraft und bietet bei feindlichen Angriffen ein geringes Ziel ... Das Schiff besteht aus einem rotationssymetrischen Tauchkörperteil (U-Schiff), einem für die Unterbringung der Bedienung und Waffe vorgesehenen Oberteil (O-Schiff) sowie einem körperlichen Steg, der die feste, begehbare Verbindung zwischen O- und U-Schiff bildet.

Wirkungsweise: In Ruhelage schwimmt das O-Schiff mit geringer Eintauchung des Bodens auf der Wasseroberfläche. Die Stabilität ist durch die Antriebsorgane und den Treibstoffs im U-Schiff an sich bereits gewährleistet. Bei Fahrtbeginn kann das O-Schiff durch Lenzen des Ballastgewichts etwas aus dem Wasser getaucht und während der beginnenden Vortriebes mit Hilfe der am U-Schiff befindlichen Höhenruder dynamisch so gesteuert werden, daß sich der für das Aufsuchen des widerstandsgeringsten Zustandes günstigste Tiefgang je nach Seegang einsteuern läßt ... Bei Seegang befindet sich das O-Schiff oberhalb der Wellenberge, während das U-Schiff unter Wasser in einer Zone mit verhältnismäßig geringen Wasserbewegungen schwimmt. Der Steg wird entsprechend lang gewählt. Die gewünschte hohe Geschwindigkeit wird dadurch erreicht, daß U-Schiff und Steg eine vollkommene Stromlinienform erhalten ... Das Wiechernboot kann dadurch eine Erweiterung finden, daß mehrere solcher Tauchkörper mit ihren Stegen derart verbunden sind, daß eine Überwasserplattform gebildet wird, die von den Stegen getragen ist. ... Diese Ausführung eignet sich besonders für überschnelle Flugzeugträger.»

Die Hauptabmessungen dieses Bootes waren:

Länge zwischen den Loten:	35,0 m
Körperdurchmesser:	5,0 m
Tiefgang optimal:	10,0 m
Tiefgang maximal:	12,0 m
Tiefgangsdifferenz:	7,5 m

Von einer anderen Neukonstruktion gibt es folgende Angaben:

Länge	40,826 m
Höhe	4,02 m
Breite	2,80 m
Deplacement	252 t

Ihre Beschreibung lautet:

«Der Schiffskörper, welcher bis zu seiner Oberkante eintaucht, hat einen elliptischen Querschnitt, welcher an den Enden in einen runden Querschnitt übergeht. Der aus dem Wasser ragende Aufbau ist etwa 20 m lang und 3,375 m hoch. Das Schiff hat ein oberes und ein unteres handgesteuertes Seitenruder, ferner hinten B.B. und St.B. je 1 handgesteuertes Tiefenruder. Im Vorschiff befindet sich eine Ankerklüse mit versenktem Pilzanker. Die elektrisch betriebenen 7,5 PS Ankerwinde kann im Notfalle auch von Hand betrieben werden. Am Schiffskörper sind vorne unten auf BB und StB Seite Trimmschienen angebracht. Das Schiff ist durch Querschotten in drei Räume unterteilt:

1. Wohnraum von Spt. 16–29
2. Hauptmaschinenraum von Spt. 29–56
3. Hilfsmaschinenraum von Spt. 56–69.

... Anschließend an Spt. 32 und bis Spt. 41 reichend, ist der Kommandoraum angeordnet. In demselben sind folgende Teile untergebracht: Handräder und Ruderanlagen-Anzeiger für Seiten- und Tiefenruder, Kompaß, Kartentisch, 2 Maschinentelegraphen, 4 Umdrehungsanzeiger für die Hauptmotoren, 2 Umdrehungsanzeiger für die Schraubenwelle, Telefon und Tyfon. Außerdem werden die Auspuffrohre der beiden vorderen Hauptmotoren durch den Kommandoraum geführt. Damit diese Leitungen den Kommandoraum möglichst wenig beengen, sind in der BB und der StB Außenwand Ausbuchtungen für dieselben vorgesehen. Der Zugang zum Schiff erfolgt durch ein verschließbares

Einstiegluk in der Kommandoraum Decke, der Niedergang nach unten führt durch eine Klappe im Fußboden des Kommandoraumes.

Im vorderen Teil des Aufbaus ist auf Spt. 47½–51 der Funkraum untergebracht. Die zugehörigen Umformer sind unten im Schiff im Wohnraum unterhalb der Kojen aufgestellt.»

Von interessanten Einzelheiten abgesehen, die nach dem Krieg aufgegriffen wurden und vervollkommnet in der Militärtechnik Verwendung fanden, blieben derartige Entwicklungen auf dem Papier. Im Krieg wirksam wurden die bereits vor 1939 vorhandenen Schiffs- und Bootstypen, darunter an erster Stelle die S-Boote. Bis April 1943 wurden Unterlagen des Amtes Kriegsschiffbau zufolge 105 Boote gebaut, von denen 13 verlorengingen, so daß es zu dieser Zeit mit den alten Booten ab S 7 106 S-Boote gab. Die Geschwindigkeit der großen Boote erhöhte sich mit Aufladung auf 43 Kn. Für eine Reihe Boote war eine stärkere Flak-Bewaffnung und Panzerung vorgesehen. Vom Neubau S 134 ab hatten alle Boote eine gepanzerte Brücke in Kalottenform. Der Bau eines Bootes dauerte von der Kiellegung bis zur Erprobung rund 6 Monate. Eine Verkürzung der Bauzeit war, ohne die Zahl der Werften zu vergrößern, nur mit zusätzlichen Arbeitskräften möglich, die, wie schon gezeigt, nicht so ohne weiteres zu beschaffen waren.

Zu den Kampfbooten im eigentlichen Sinne des Wortes zählten auch die Minensuch- und Räum-Boote der Kriegsmarine. Die Ursprünge beider Bootstypen reichen in den Ersten Weltkrieg zurück. Das seit Mitte der dreißiger Jahre gebaute M-Boot 35 war in der Herstellung derart aufwendig, daß der ab 1939 sprunghaft steigende Bedarf an diesen Fahrzeugen nicht gedeckt werden konnte. Deshalb wurde auf das M-Boot 16 zurückgegriffen. Es hatte kohlebeheizte Kessel und konnte in großer Stückzahl auch auf niederländischen Werften gebaut werden. Sie gehörten wie die ebenfalls in hohen Stückzahlen gebauten R-Boote zum Kern der Sicherungsstreitkräfte. Bis Sommer 1942 waren 10 M-Boot-Flottillen aufgestellt. Jährlich sollten 40 Ersatzboote gebaut werden, eine Anzahl die sich im weiteren Kriegsverlauf als unzureichend erweisen sollte, zumal das Küstenvorfeld zum eigentlichen Seekriegsgebiet der Kriegsmarine wurde. Mit der geographischen Ausdehnung des Krieges auf den Osten, Südosten und Norden nahmen auch die Räume an Zahl und Größe zu, in denen solche Kräfte benötigt wurden. Das galt gewissermaßen auch für Produktion und Anzahl der anderen Boote, wie Kriegsfischkutter (KFK), M-Boote, U-Jäger und derartige Fahrzeuge mehr. Um den Mangel an diesen Fahrzeugen wenigstens zu verringern, beabsichtigte im Sommer 1942 die Marineführung sogar KFK in Schweden herstellen zu lassen. Die Firma Hugo Stinnes sollte als Treuhänder der Kriegsmarine den Auftrag vergeben. Die Herrichtung der angelieferten Zivilfahrzeuge als Kriegsfahrzeuge sollte die Firma Ernst Burmester, Schiffswerft K.G. in Swinemünde besorgen. Es gelang nicht, den Auftrag in Schweden unterzubringen. Auch aus diesem Unterfangen wird ersichtlich, mit welchen Problemen der Schiffsbau im Reich zu ringen hatte. Bereits im März 1942 teilte K I in einem Schreiben mit, daß von den geforderten 261 bisher «nur 137 Kriegsfischkutter in Sonderstufe SS werftmäßig untergebracht werden konnten. Es gelang nicht, die für den Nord- und Ostseeraum fehlenden 124 Fahrzeuge in Werften unterzubringen. Im obengenannten Schreiben wurde vorgeschlagen, von einer Werft im deutschen Raum KFK in Serie bauen zu lassen und als Arbeitskräfte dafür ‹Gefangene oder andere Ausländer zu nehmen.›» Die Werft sollte von der Firma Burmester auf Marinegelände errichtet werden.

Im Trend zum Bau von Überwasserschiffen unterhalb Zerstörergröße widerspiegelten sich auch die zunehmenden Aufgaben der Kriegsmarine im Küstenvorfeld der vom Reich beherrschten Seegebiete. In einige Seegebiete, wie das Schwarze Meer, konnten nur Kutter, S-Boote, Klein-U-Boote und ähnliche Fahrzeuge geringer Abmessungen geschafft werden. Wie Akten des Amtes Kriegsschiffbau ausweisen, wurde mit der Organisation der Verlegung von S-Booten aus der Nordsee zur unteren Donau bereits im Frühjahr 1941 per Landtransport, d. h. vor dem Angriff auf die UdSSR, begonnen. Im Mai unterbreitete die Firma Krupp-Druckenmüller die statischen Berechnungen einer Vorrichtung, die «dem Transport von Schiffskörpern auf dem Landwege mittels Schwerlastfahrzeugen der Deutschen Reichsbahn» dienen sollte. Die Berechnungen gingen von einer Schiffslast von 70 t aus. Eine Zusammenstellung vom August 1942 weist folgende Bootstransporte aus:

Bootsmuster	Abs.	Weg	abgesandt
Mot.-Lim.	KlahnWerft.	Bahn	22.12.41
gr. Mot. Boote	Ausb. Abt.	Main, Donau	17.12.41
gr. Mot. Boote	Ausb. Abt.	Bahn	Mai 1942
Mot.-Prinnasen	KMW Whaven	Bahn	Jan.42
Sturmboote	Kovacz	Bahn	20.4.42
gr. Mot. Boote	Ausb. Abt.	Autobahn	z.Zt: Linz
«Ole» u. «Pol:Jack»	Swinem.	Autobahn	z.Zt. Dresden
Chefboot	Amsterdam	Autobahn	Herbst 41
S-Boote	Amsterdam	Autobahn	"
gr. R.-Boote	"	"	"
kl. R-Boote	"	"	"
Fischkutter	Travem.	Autobahn	"
S-Boote (Res.)	Travem.	Autobahn	2 in Linz, 2 2 auf Transp.
R-Boot (MR 7/	"	"	erl.
U-Boote	"	"	2 in Linz 1 Kiel
MFP	"	"	4 abges. 6 in Linz
(20) MFP	"	"	z.Zt. in Abbau
Muschel-Fisch-Kutter	Holl./Hmb	"	z.Zt. in Prüf.

Zur gleichen Zeit befanden sich im Bereich KIII Mh und KIII mB in Bau: in Varna 36 KFK, in Athen 12 KFK und 5 Motorsegler als U-Bootfallen. 1 Motorschiff sowie 3 Verwundetenhilfstransportschiffe befanden sich im Schwarzen Meer. 6 Kriegstransportschiffe waren auf der Werft in Nikolajew in Bau.

Der Krieg im Küstenvorfeld hat bisher wenig Beachtung gefunden. Über diesen auf dem Schwarzen Meer gibt es lediglich das Buch von G. Enders zum U-Booteinsatz. Deshalb soll im Folgenden auf den Tätigkeitsbericht des Admirals Schwarzes Meer für 1943 zurückgegriffen werden, der im Militärarchiv Freiburg zu finden ist. Der Berichterstatter konstatiert, daß «das Offensivjahr 1942 im Zeichen der Ausweitung des Befehlsbereichs und des damit verbundenen verstärkten Aufbaues der schwimmenden Verbände, des Ausbaues der neu eroberten Stützpunkte sowie der Batterien zur Verteidigung der neubesetzten Küsten stand.» Das Jahr 1943 hingegen war durch die rückläufige Bewegung «der Heeresfronten und die damit verbundenen Sicherungs-, Abtransport- und Nachschubaufgaben, die ebenso wie die Offensivunternehmungen in erster Linie eine Unterstützung des Heeres zum Ziele hatten», gekennzeichnet. Von Januar bis Ende März stand die Rückverlegung der Kaukasusfronten bis zur Beziehung der Gotenstellung und der Einnahme der Verteidigungslinie ostwärts Tanganrog im Mittelpunkt des Geschehens. Die Kriegsmarine störte in dieser Zeit den Nachschubverkehr zum sowjetischen Brückenkopf in der Bucht von Noworossisk mit S-Booten und beschoß die Ladestellen im Brückenkopf. Sie legte 5 flachstehende Minensperren am Südausgang der Kertsch-Straße und setzte gemeinsam mit Pionierfahrzeugen bis Ende März 105 000 bespannte Fahrzeuge über. Neben «Seekriegshandlungen» mit S- und R-Booten transportierte die Marine von März bis August 337 353 t Versorgungsgüter, 6 365 Personen, 2 566 Pferde, 1 099 Kraftfahrzeuge, 534 bespannte Fahrzeuge und 197 Geschütze. Gleichzeitig wickelte sie zur Versorgung des rechten Flügels des Heeres Transporte von Mariupol nach Taganrog mit einer Gesamtleistung von 29 449 t ab.

Im September wurde innerhalb von 34 Tagen der Kubanbrückenkopf geräumt. Im Zuge dieser Aktion transportierten Marine und Pioniere 202 447 Personen, 15 237 Kraftfahrzeuge und 94 937 t Wehrmachtgut. Hierauf folgten die Kämpfe um den sowjetischen Brückenkopf bei Eltigen.

Zur offensiven Seekriegführung wurden vor allem S- und U-Boote eingesetzt. Die 1. S-Flottille führte 80 Unternehmen gegen die sowjetische Schiffahrt unter der Kaukasusküste durch. Ferner fanden 3 Minenunternehmen an der Kaukasusküste, 50 Einsätze zur Sicherung der eigenen Küste und 24 gegen gegnerische Landeunternehmen statt. Es wurden 24 000 BRT, 1 Torpedoboot, 1 S-Boot, 1 Motorkanonenboot und 3 Landungsboote versenkt.

Ähnlich, wenn auch entsprechend den Besonderheiten des jeweiligen Seegebiets bestimmte Merkmale variierten, verlief der Kampf der Kriegsmarine im Nord und Ostseeraum. Hierzu sei aus den unveröffentlichten Erinnerungen eines Angehörigen der Kriegsmarine zitiert. Er hatte sich freiwillig gemeldet, um eine technische Ausbildung zu erwerben. Er wurde Funker und tat als solcher bei der 20. Vorpostenflottille auf den Booten 2011 und 2005 von 1941 bis 1942 Dienst.

«Auf einem ‹Dickschiff› wollte ich keinen Dienst tun, denn Schlachtschiffe, Kreuzer und Panzerschiffe waren ja ‹schwimmende Kasernen›. Ein Kommando auf einem Zerstörer, Schnellboot oder vielleicht auf einem richtigen Minensuchboot bzw. Räumboot, wäre mir am liebsten gewesen, vom U-Boot gar nicht zu reden. Nun was soll es: ein Vorpostenboot war auch eine ‹schwimmende Einheit› und nicht eine popelige Landfunkstelle, wo man sich gar nicht auszeichnen konnte. Das wollte ich unbedingt, schon um den Mädchen zu Hause zu imponieren ... Die 20.Vp bestand normalerweise aus 12 Booten, aufgeteilt in 2 Halbflottillen. Die erste setzte sich aus Beuteschiffen, also zusammengeramschten Booten, zusammen. So war 2001 eine frühere englische Hochseemotoryacht, 2022 und 2003 fuhren einmal als belgische Lotsenboote und die übrigen 3 waren einmal französische Fischereifahrzeuge. Dagegen bestanden die Boote der 2. Halbflottille aus ehemaligen deutschen Fischdampfern aus Cuxhaven und Wesermünde ... Ich kann mich nicht mehr so genau daran erinnern, aber alles in allem bestand die Besatzung meines Bootes aus etwa 25 Mann. Da gab es einen I WO, einen aktiven Leutnant z. S. Dann drei Unteroffiziere mit Portepee (Feldwebelsrang): Steuermann, Maschinist und Bootsmannsmaat. Dazu 2 Funk-, 2 Signal-, 1 Artilleriemechanikersmaat und schließlich 2 Matrosen II (Heizer) und etwa 10 Matrosen I (Seemänner) ... Wir hatten als verhältnismäßig kleines Boot keine starke Bewaffnung. Auf einem Podest am Bug war eine uralte 3,7 cm-Kanone, Achtern ein 2 cm-Zwillingsflakstand. Aus Stabilitätsgründen ging nicht mehr drauf auf 2005, was ja zum Zwecke des Fischefangens gebaut worden war ... Ich war der Jüngste, war aus Thüringen, was dem Sächsischen gleichkommt. Ich war ‹Funkpuster›, der eigentlich vom Farbe waschen und pönen und allen anderen Decksarbeiten wegen Erhaltung des Tastgefühls der Finger befreit war. Aber auf 2005 galt das nicht. Ich erregte ständig den Zorn eines Hauptgefreiten (nach 12 Dienstjahren Reichs- und Kriegsmarine), der als sogenannter ‹Decksältester› fungierte. Ich wurde wie ein Schiffsjunge früherer Seefahrerzeit behandelt und am liebsten hätte mich der Hauptgefreite ständig verprügelt, jedoch gab es gottseidank noch einige alte Hasen an Bord, die ihn davon abhalten konnten. Der Mann war ein ständiger Alpdruck für mich. Dazu kam noch der Umstand, daß ich als zuletzt Eingestiegener keine Koje hatte. Auf See spielte das keine Rolle, da legte man sich in die von einem Matrosen, der Wache hatte. An Land war das ein Problem. Da mußte ich in eine Hängematte, die über dem kleinen Tisch im Matrosendeck hing. Und da wurde Skat gespielt und gesoffen bis lange in die Nacht hinein ... Noch einmal zurück zu unserer Haupttätigkeit, dem Geleitdienst für Frachter im Ost- und Westgeleit. Es waren so zwischen 8 und 15 Schiffe, die wir im Konvoi hatten. Sie hatten fast alle eine sogenannte ‹Bordflak›, d. h. ein Kriegsmarinekommando an Bord, das zum Zwecke der Flugzeugabwehr die auf hohen Podesten aufgebauten 2 cm-Zwillings- oder Vierlingsflakgeschütze bediente. Besonders die ‹Vierlinge› waren sehr wirkungsvoll. Ansonsten fuhren die Schiffe alle unter der Flagge ihrer Länder, sie hatten nur einen Delegierten der Kriegsmarine und die Bordflakbesatzung an Bord. Die Geschwindigkeit der Konvois betrug im Schnitt 8 bis 10 Knoten und richtete sich nach dem langsamsten Dampfer ... im Juli oder August (1942) gab es einen Höhepunkt in meinem Leben als Funkgefreiter in einer Vp-Flottille. Es gab einen voll anerkannten Abschuß für uns, und ich war an diesem Erfolg auf meine Weise beteiligt. Also, wir fuhren ein langsames Spezialgeleit und befanden uns in der Höhe von Texel, da empfing ich plötzlich Fliegerwarnsignale, die aus dreimaligen Geben des Buchstabenpaares FL-FL-FL, es klingt mir heute noch in den Ohren, und dem Planquadrat, in dem die oder das Flugzeug gesehen worden waren, bestanden. Da gab es keine Funkstille mehr, denn wenn ein Schiff ein Flugzeug sieht, dann sieht der Flieger auch das Schiff. Das war für mich eigentlich nichts Neues oder Besonderes. Bloß diesmal empfing ich das FL-Signal so schrecklich laut, daß ich mir den Kopfhörer von den Ohren reißen mußte. Deshalb wartete ich überhaupt nicht mehr die Angabe des Planquadrats ab, sondern alarmierte sofort die Brückenwache, die Fliegeralarm gab. Unsere Mannen waren sofort an den Geschützen und feuerbereit. Sie empfingen den Angreifer, der allein war und sich etwas traute, entsprechend und holten ihn herunter. Ganz allein, denn das andere Vp-Boot war viel weiter weg an der anderen Seite des Geleitobjektes. Nun konnten sie auch ein volles weißes Flugzeugsymbol an der Brücke anbringen. Wenige Wochen später gab es einige Ek II und auch ich bekam es, eine Seltenheit für einen Funkgefreiten an Bord eines Vp-Bootes, der noch nicht einmal ein volles Jahr an Bord war. Ich war mächtig stolz auf den Orden ...»

Auf einer Besprechung der Oberbefehlshaber in «Koralle» am 24. und 25. August 1944 trug der Chef der SKL seine Ansichten über die Landung in Frankreich und die «bald darauf losbrechende Russenoffensive im Osten» vor. «Im ganzen gesehen befindet sich der Krieg z. Zt. in seiner größten Krise.» Die Aufgaben der Marine waren seinen Ausführungen zufolge die Führung des U-Bootkrieges und das «Freihalten der Ostsee vom Russen», was er als «Voraussetzung für die Fortführung des Seekrieges» und als «entscheidende Frage für die Gesamtkriegführung» bezeichnete. Weiter gehörten zu den Aufgaben der Marine der Schutz der eigenen Seeverbindungen, der durch das Fehlen von Jagdschutz immer schwieriger wurde, der ebenso schwierige Kampf gegen gegnerische Landungen, für den die Kleinkampfmittel immer größere Bedeutung gewannen, sowie die Minensicherung der Donau. Damit die Rüstung auf die für diese Einsätze besonders dringlichen Boote konzentriert werden konnte, wurden Zerstörer- und Torpedobootsbauten verzögert.

Mit Wirkung vom 1. Mai 1944 befahl der ObdKM organisatorische Veränderungen im OKM, die «eine straffe Zusammenfassung der materiellen und technischen Rüstungsaufgaben zum Ziele» hatten. Danach gliederte sich das OKM in die drei Hauptgruppen: Chef der Seekriegsleitung (Chef SKL) unter Admiral Meisel, Chef Kriegsmarine Wehr (Chef Mar Wehr) unter Generaladmiral Warzecha und Chef Kriegsmarine Rüstung (Chef Mar Rüst) unter Admiral Backenköhler. In der Hand von letzterem waren «die Ämter und Amtsgruppen des Hauptamtes der Marinewaffenämter» zusammengefaßt, darunter auch das Hauptamt Kriegsschiffbau (Mar Rüst/K). Gemäß Gemeinschaftserlaß des Oberbefehlshabers der Kriegsmarine und des Reichsministers für Bewaffnung und Munition vom 2. Juli 1943 übernahm letzterer auch die Verantwortung für die Marinerüstung. Die als Folge dessen im Speer-Ministerium eingerichtete «Schiffbaukommission» erlangte dem Hauptamt Kriegsschiffbau gegenüber zunehmend an Bedeutung. Zu den Aufgaben dieser Kommission zählten nach der Dienstanweisung des Reichsministers für Bewaffnung und Munition vom 10. September 1943. Überprüfung der vom Hauptamt Kriegsschiffbau ... oder anderen Stellen vorgelegten Typskizzen für Schiffsneubauten, Ausarbeitung der Fertigentwürfe, Überprüfung der Vorschläge des Hauptamtes Kriegsschiffbau betreffs sich aus der Seekriegslage ergebenden notwendigen Änderungen an vorhandenen Schiffstypen, Überprüfung der während des Baus von den Werften und Baubelehrungen und nach Fertigstellung von den Frontdienststellen geforderten Änderungen.

Ab Herbst 1944 begann die Zeit der Notprogramme, die letztlich am Ausgang des Krieges nichts mehr ändern konnten. Aus dem Protokoll der XIX. Rüstungsbesprechung der Kriegsmarine vom 6. September wird dies bereits deutlich. Der Seekrieg fand nun in erster Linie in den Heimatgebieten und an der norwegischen Küste statt. U-Bootkrieg und Nachschubsicherung nach Norwegen und in das Baltikum waren jetzt die Aufgaben. Jedoch die Mittel hierfür schrumpften immer mehr. Der Bau von Überwasserschiffen konzentrierte sich jetzt auf das M-Boot 43, S-Boote, T-Boote, MFP und KFK.

Im Oktober 1944 legte die 1. SKL ein Rüstungsnotprogramm für den Fall vor, «daß ein wesentlicher Teil der Rüstungszentren und Rohstoffquellen des Reiches aus Kriegsgründen für die Produktion ausfällt.» Die derzeitigen Aufgaben der Kriegsmarine waren nach ihrer Dringlichkeit:

«1. Sicherung der Küsten des Reiches gegen Feindlandungen,
2. Sicherung der Seewege entlang der deutschen Küsten,
3. Sicherung und Beherrschung der westlichen und mittleren Ostsee und der Ostseezugänge als Voraussetzung für den Besitz einer Basis, ohne die der Aufbau der U-Bootwaffe nicht möglich ist,
4. Aufbau einer offensiven U-Bootwaffe,
5. Sicherung des Seewegs nach Norwegen und entlang den norwegischen Küsten als Voraussetzung für den Besitz und das Halten Norwegens.»

Bei Nichterfüllbarkeit der genannten Aufgaben, sollten sie «in der umgekehrten Reihenfolge ihrer Dringlichkeit fallengelassen werden.» Die konkreten Forderungen beschränkten sich auf den Weiterbau bzw. die Bestückung von Kleinkampfmitteln: S-Booten, R-Booten, AFP, MFP, Küstenbatterien und Minen.

Zu dieser Zeit hat vermutlich der erwähnte Marinebaudirektor Ludwig, nunmehr im ehemaligen Gotenhafen tätig, endlich Gehör beim OKM gefunden. Eine seiner Dankschriften, sie trägt die Überschrift «Die technische Krise im Kriegsschiffbau unserer Jahrzehnte», ist von sowjetischer Seite bei der Auswertung nach 1945 besonders aufmerksam zur Kenntnis genommen worden. Ludwig war der Auffassung, daß durch Flugabwehr, Bordflugzeuge, Waffenleitanlagen und Nachrichteneinrichtungen der Kriegsschiffbau nach 1920 insofern in eine technische Krise sei, als sich diese Faktoren auf den Gesamtentwurf des Schiffes durch Raum- und Energiebedarf zwar ausgewirkt hätten, jedoch ohne dem ausreichend Rechnung zu tragen. Die Folge für den noch im alten Denken befangenen Schiffsbauer sei gewesen, daß ihm «sein Entwurf übergelaufen» sei. Es sei in der Folge keine Komposition sondern lediglich ein Kompromiß entstanden. «Leute, die der Ansicht sind, das Kriegsschiff sei ein Kompromiß, zeigen, daß sie diesem schwierigen Metier nicht gewachsen sind und sollten die Finger davon lassen zu Gunsten wirklicher Fachleute und Meister auf diesem vielleicht schwierigsten Gebiet der modernen Technik.» Sei die gegenwärtige technische Krise im Kriegsschiffbau überwunden, meinte Ludwig, werde sich die Ansicht, Schlachtschiffe seien überholt, als falsch herausstellen. Den Weg zum Bau wirklich moderner Schiffe sah er darin, daß man sich um jene Schiff- und Schiffsmaschinenbauer kümmert, die dazu fähig sind. In einer anderen Denkschrift gibt Ludwig Anregungen zur Verbesserung der Organisation im Kriegsschiffbau, weil seiner Auffassung nur durch einen Seekrieg der «augenblicklich laufende Krieg in einer die deutsche Nation befriedigende Weise beendet» werden könne. Ludwig postulierte infolgedessen ein «operatives Entwickeln und Bauen». Darunter verstand er, daß neue Waffen rechtzeitig entwickelt und produziert werden müßten. So der Typ XXI, der technisch wesentlich früher möglich gewesen sei, als er tatsächlich realisiert worden sei. Als weitere Beispiele führt er den nicht rechtzeitigen Bau von Landungsfahrzeugen und von Kleinkampfmitteln an. Auch gegenwärtig meint Ludwig, würden Überwasserschiffe noch so gebaut, wie 1918. Obwohl die riesenhafte quantitative Überlegenheit des Gegners nur durch entsprechende Qualität kompensiert werden könne. Als Fazit schlug er die Schaffung eines technischen Operationsstabes der Marine vor, der die strategische Lage und die zu erwartenden Operationen kennt und daher am ehesten weiß, welche «technischen Mittel ihm in Form von Bauelementen und gelösten oder in der Lösung zu erwartenden Grundfunktionen zur Verfügung stehen». Er muß fähig sein, «in phantasievollen und zeitlich um das richtige Maß vorausgreifenden Kompositionen die Kampfmittel zu gestalten». Diesem Stab sei soviel Macht zu übertragen, daß er eine seinen Entschlüssen entsprechende Entwicklung durchsetzen kann. Da die Angehörigen des Operationsstabes in diesem nebenamtlichen tätig sind, bedürfe es eines Arbeitsbüros aus hauptberuflichen Mitarbeitern. «Es soll, um als zentrale, nach einem großen Plan arbeitende Stelle wirken zu können, aus möglichst wenigen Mitarbeitern bestehen. Es soll nur die Arbeit der zahlreichen und vielartigen Entwicklungs- und Konstruktionsstellen registieren und vor allen Dingen ideenmäßig steuern und ständig Impulse ausstrahlen, um das Tempo der oben genannten Stellen dem übergeordneten technischen Operationsplan anzupassen.» Aus der technischen Entwicklung, meint

Ludwig zum Abschluß, folge, «daß ein Kriegsherr nur dann in der Lage ist, dem Gegner auch auf rüstungstechnischem Gebiet das Gesetz des Handelns vorzuschreiben, wenn er von einem technischen Stab beraten und unterstützt wird, der sich aus hervorragend ausgebildeten und befähigten Ingenieuren zusammensetzt.» Das zuletzt referierte Dokument, das eine Reihe moderner Auffassungen enthält, wurde von Ludwig am 15. Dezember 1944 unterzeichnet.

Zu dieser Zeit hatten die Armeen der Alliierten die Reichsgrenzen erreicht, ihre Flugzeuge beherrschten den deutschen Luftraum und die Reste der Kriegsmarine waren an die norwegische Küste und in die Nord- und Ostsee zurückgedrängt worden. Die noch vorhandenen größeren Überwassereinheiten fielen immer wieder infolge von Bombenschäden, Treibstoffmangel und anderen kaum noch zu behebenden technischen Problemen aus. Ihr letztes Einsatzgebiet war nach dem Untergang der «Scharnhorst» und dem Ausfall der «Tirpitz» vor allem die Ostsee. Nach einer Einschätzung der SKL vom 3. August 1944, war zu dieser Zeit die «Tirpitz» nur eingeschränkt einsatzbereit. Die verbliebenen Einheiten des Ausbildungsverbandes der Flotte mit Ausnahme von «Prinz Eugen», «Lützow» und «Emden» waren nicht einsatzbereit. Von den vorhandenen 23 Zerstörern fielen 9 aus, da sie entweder in den belagerten französischen Häfen geblieben oder aus anderen Gründen nicht in See gehen konnten.

Zu Beginn des Jahres 1945 war die Lage derart, daß laut Tagebuch der SKL Oberbefehlshaber Dönitz als Richtlinie gab, «daß der gesamte Neubau aufhören muß, damit in erster Linie die Schiffe in Fahrt gehalten werden können und in zweiter Linie die Reparatur weitergeht.» Am 19. Januar trug Kapitän zur See Aßmann Dönitz aus einer OKW-Denkschrift, vermutlich des Stellvertretenden Chefs des Wehrmachtführungsstabes, Generalleutnant Winter, vor daß im Osten auf Kosten der Westfront eine Stoßarmee aufgestellt werde. Um die Westfront zu entlasten und den Angriff der Westalliierten zu verzögern, habe die Marine den Tonnagekrieg zu intensivieren, Kleinkampfmittel gegen den Scheldeverkehr einzusetzen und durch den Widerstand der Atlantikfestungen Kräfte des Gegners zu binden. Der Oberbefehlshaber der Kriegsmarine stimmte diesen Gedanken in allen Punkten zu.

Der Schiffbau arbeitete bis zuletzt. So wurden in Danzig noch im März 1945 die letzten Boote des Typs XXI erprobt und Reparaturen ausgeführt. Auch die Kriegsmarine kämpfte mit den ihr verbliebenen Fahrzeugen und Angehörigen bis zum Ende. Am 22. Januar 1945 befanden sich 24400 Mann der Kriegsmarine in den Niederlanden, davon 5300 an Bord. Dem Seekommandanten Pommern unterstanden 18300 Mann. Am 23. Februar wurde dem Chef der SKL gemeldet, daß die Kleinkampfmittel für die Zerstörung der Brücken über die Oder in Frankfurt und in Fürstenberg eingetroffen sind. Im Bericht des Marineverbindungsoffiziers beim Chef des Generalstabs des Heeres vom 2. März 1945 ist für die Zeit vom 16. bis zum 28. Februar die Rede vom verstärkten Mineneinsatz des Gegners im Ostseeraum, vom Einsatz der 2. Kampfgruppe, von Transporten über die See und vom Einsatz des 3. Marine-Schützen-Regiments bei Marienburg, vom Einsatz der S-Boote in der Nordsee und von Minen- und Kommando-Unternehmen in der Adria. Von der U-Bootwaffe wird berichtet, daß sie 9 Schiffe mit 56000 BRT, 4 Zerstörer und 1 Bewacher versenkt sowie 1 Zerstörer und 1 Korvette torpediert habe.

Die Niederlage des Dritten Reiches wurde auch zur Niederlage seiner Kriegsmarine. Ein von den Oberbefehlshabern der Alliierten unterzeichneter Befehl ordnete die vollständige Entwaffnung und Abrüstung wie auch die völlige Entmilitarisierung Deutschlands an. Das auf der Potsdamer Konferenz im Sommer 1945 zwischen den USA, Großbritannien und der UdSSR geschlossene Abkommen verlangte die Auflösung aller deutschen Land, Luft- und Seestreitkräfte. Eine Kommission von Sachverständigen hatte die deutsche Kriegs- und Handelsmarine unter die Siegermächte aufzuteilen. Mit dem Schicksal des Reiches war auch das seiner Kriegsmarine besiegelt.

Bilder, Texte und Dokumente aus dem Amt Kriegsschiffbau

Eine seltene Luftaufnahme vom Stapellauf der «Hindenburg» am 1. August 1915 auf der Kaiserlichen Werft Wilhelmshaven. Dieser Schlachtkreuzer hatte 8 30,5-cm-Geschütze und erstmals Ölfeuerung unter einem Teil der Kessel

Ankunft Wilhelms II. zum Stapellauf des Schlachtkreuzers «Graf Spee». Das Schicksal des Schiffes war kennzeichnend für das Ende der ersten Phase des Großkampfschiffbaues in Deutschland. Nach dem Stapellauf wurde der Bau gestoppt und noch vor der Fertigstellung am 18. November 1919 annulliert. Am 28. Oktober 1921 wurde die Bauruine für den Abbruch verkauft

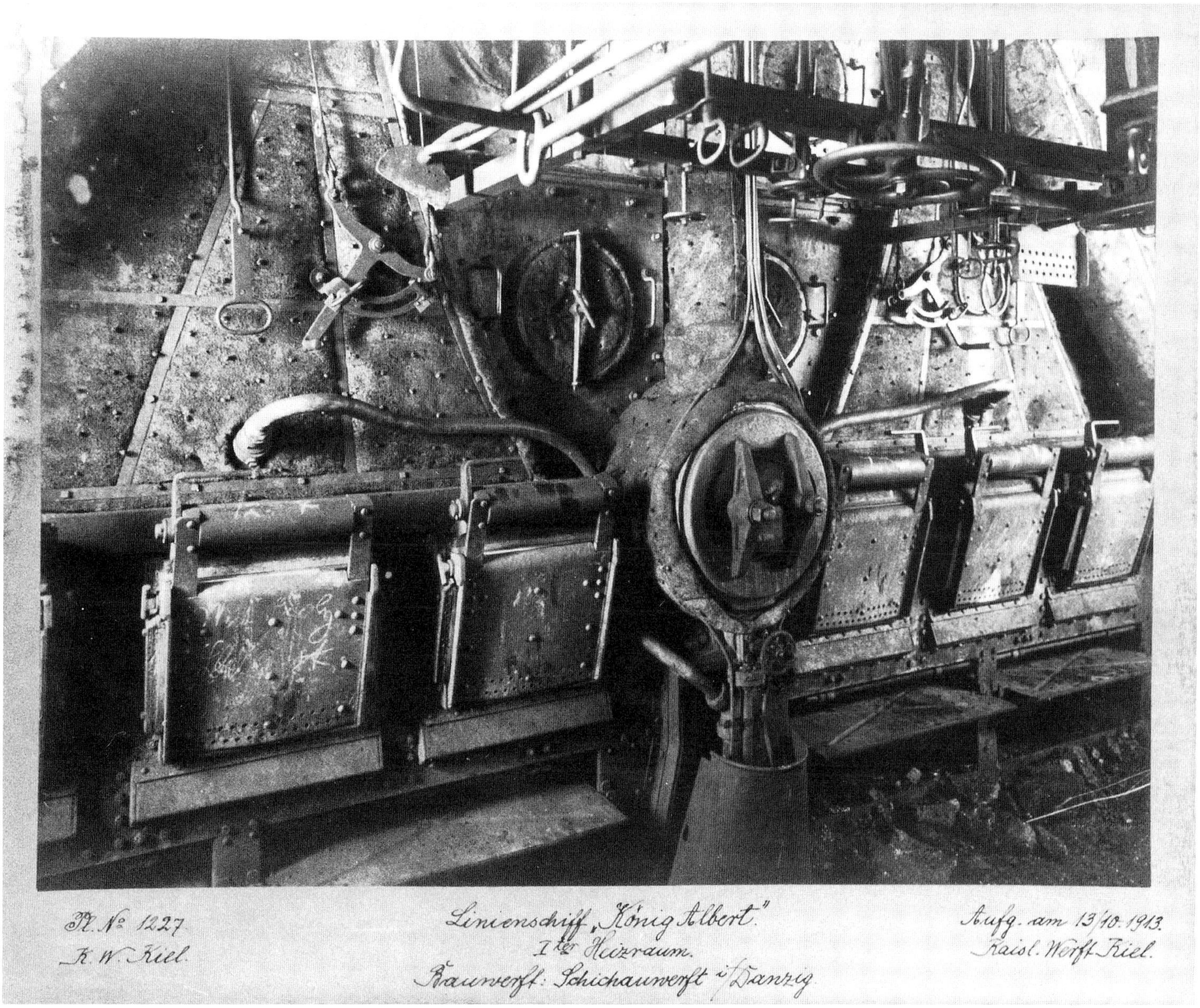

Heizraum des Schlachtschiffes «König Albert», das 1909 als Schiff der Kaiser-Klasse erstmals für Turbinenantrieb mit Ölzusatzfeuerung entworfen worden war

Vorderer Maschinenraum des Schlachtschiffes. Er vermittelt einen Eindruck vom Unterschied der derzeitigen Antriebsanlagen zu denen der Großkampfschiffe des Zweiten Weltkrieges. Das Schlachtschiff nahm an der Skagerrak-Schlacht teil. Es wurde in Scapa Flow interniert, wo es die eigene Besatzung versenkte

«Graudenz» gehörte zu den letzten Kreuzerbauten vor Ausbruch des Ersten Weltkrieges. Sie war seinerzeit ein modernes Schiff, das nach Kriegsende an Italien ausgeliefert werden mußte, wo es als «Ancona» bis in die dreißiger Jahre in Dienst war

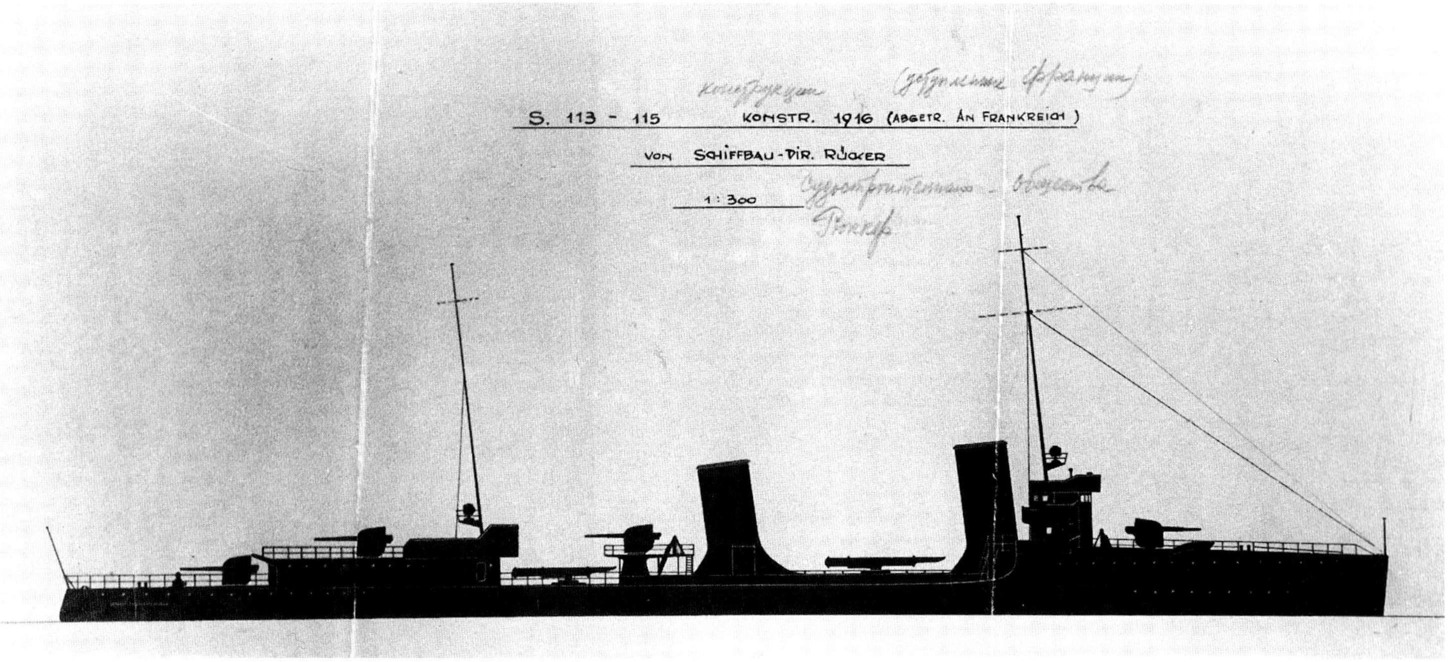

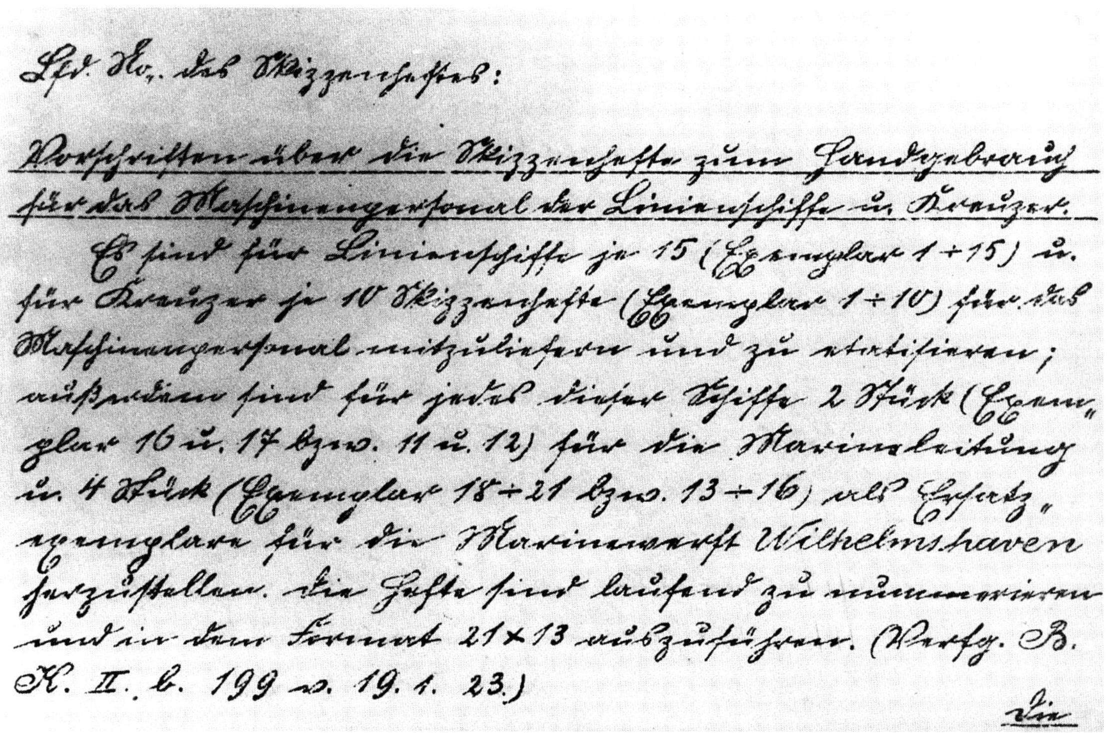

Lfd. No. des Skizzenheftes:

Vorschriften über die Skizzenhefte zum Handgebrauch für das Maschinenpersonal der Linienschiffe u. Kreuzer.

Es sind für Linienschiffe je 15 (Exemplar 1÷15) u. für Kreuzer je 10 Skizzenhefte (Exemplar 1÷10) für das Maschinenpersonal mitzuliefern und zu etatisieren; außerdem sind für jedes dieser Schiffe 2 Stück (Exemplar 16 u. 17 bzw. 11 u. 12) für die Marineleitung u. 4 Stück (Exemplar 18÷21 bzw. 13÷16) als Ersatzexemplare für die Marinewerft Wilhelmshaven herzustellen. Die Hefte sind laufend zu nummerieren und in dem Format 21×13 auszuführen. (Verfg. B. K. II. b. 199 v. 19. 1. 23.)

Die

Seitenansicht von S 113. Von den Booten dieser Serie wurde nur noch 113 fertig. Es mußte nach Kriegsende an Frankreich ausgeliefert werden. Es erregte selbst noch das Interesse der sowjetischen Sieger nach 1945

Am Neubeginn der Reichsmarine stand die sorgfältige Ausbildung des Personals und die Vervollkommnung des erlaubten, aber inzwischen veralteten Schiffsbestandes. Hier ein Auszug aus den «Vorschriften über die Skizzenhefte zum Handgebrauch für das Maschinenpersonal»

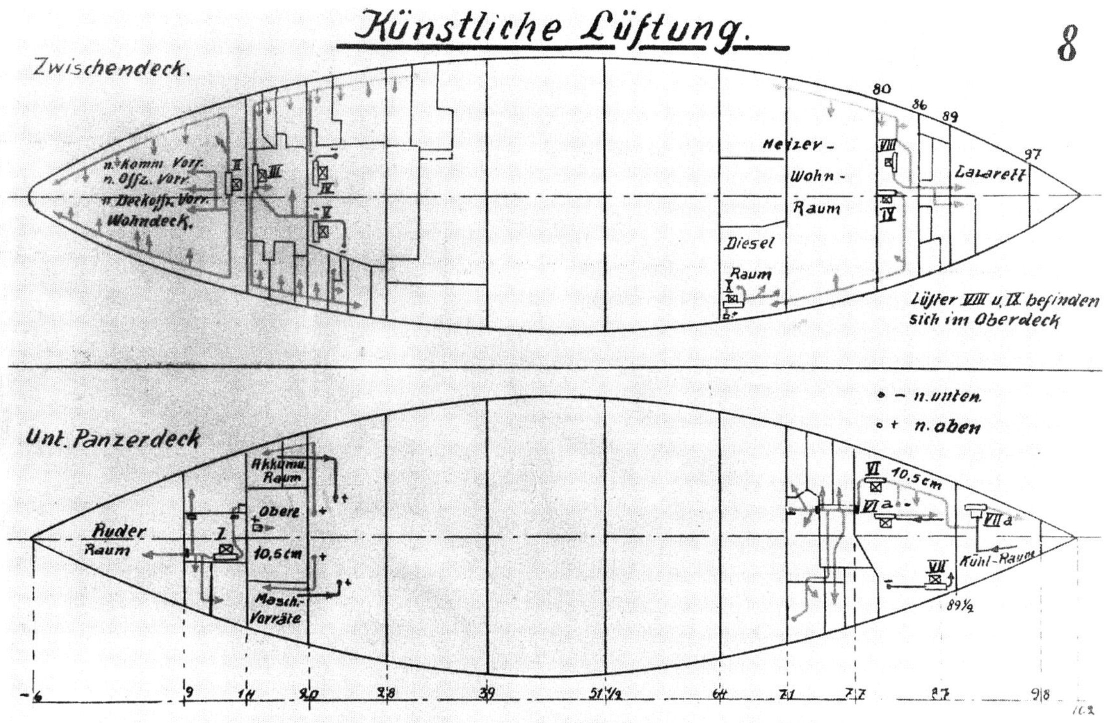

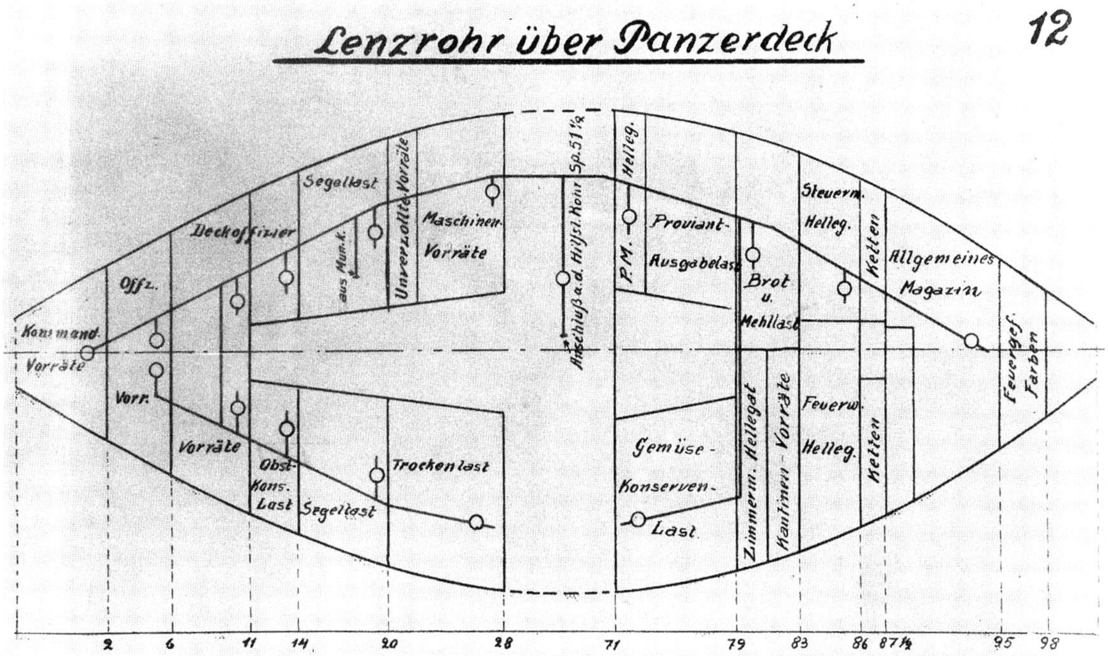

Auszug «Künstliche Lüftung» aus einem Skizzenheft

Auszug «Lenzrohr über Panzerdeck»

Traditionspflege in der Reichsmarine. Die durchschossene Panzerplatte im Marine-Arsenal Kiel erinnert an die Schlacht der beiden größten Linienschiffsflotten im Jahre 1916

Lehrlingsausbildung im Marine-Arsenal Kiel in den zwanziger Jahren

Artillerie-Werkstatt des Marine-Arsenals Kiel

Waffenmeisterei des Marine-Arsenals Kiel 1924

Buchdruckerei des Marine-Arsenals Kiel

Marine-Arsenal Kiel. Ausbessern des noch immer benötigten Sackmaterials, eine Tätigkeit, die augenscheinlich nur von Frauen ausgeübt wurde

Bauplan für den Ersatz der Kriegsschiffe der Reichsmarine.

I. Gemäß Friedensvertrag zugestanden.									II. Bauplan.												
Lfd. Nr.	Schiffsklasse u. Namen	Grundzahl	Reserve	Sa.	Vorhanden	Fehlbestand	Stapellauf bzw. Baujahr	Ersatzpflichtig	1930	1931	1932	1933	1934	1935	1936	1937	1938	1939	1940	Kosten des einzeln. Ersatzbaues in Mill. RM	In Aussicht genommene Bauwerft
1.	Panzerschiffe.	6	2	8	8	-															
	Braunschweig						1902	1922		„C“										75,0	Mar.-Werft W'haven
	Elsass						1903	1923				„D“								75,0	Deutsche Werke Kiel
	Hessen						1903	1923						„E“						75,0	Mar.-Werft
	Preussen						1903	1923	„A“ [1. Rate 1928]											75,0	D.W.K.
	Lothringen						1904	1924	„B“											75,0	Mar.-Werft
	Hannover						1905	1925								„F“				75,0	D.W.K.
	Schlesien						1906	1926											„H“	73,0	Mar.-Werft
	Schleswig-Holstein						1906	1926										„G“		73,0	Mar.-Werft
2.	Kreuzer.	6	2	8	8	-															
	Nymphe						1899	1919						„F“						41,270	Mar.-Werft
	Amazone						1900	1920	„E“ [1. Rate 1927]											41,270	Mar.-Werft
	Medusa						1900	1920	„Karlsruhe“ [1. Rate 1926]											40,998	D.W.K.
	Arkona						1902	1922	„Köln“ [1. Rate 1926]											36,948	Mar.-Werft
	Hamburg						1903	1923													
	Berlin						1903	1923													
	Emden						1925	1945													
	Königsberg						1927	1947													
3.	Zerstörer.	12	4	16	16	-															
	6 V.T.G.-S.Boote						1906/1912	1921/1927	„6 Iltis-Klasse“, bereits im Dienst ohne fertige Armierung. [1. Rate 1926]											6,037	Mar.-Werft
	4 V.T.G.-S.Boote				-		1906/1912	1921/1927									„4 Res. Zerstörer“			6,15	Mar.-Werft
	6 Möwe-Klasse						1926	1941											„6 Zerstörer“	6,15	" "
4.	Torpedoboote.	12	4	16	16	-															
	10 V.T.G.-S.Boote						1907/1912	1922/1927						„4 T.Boote“		1 T.Boot				4,8	Mar.-Werft
5.	Artill. Schulboote	4	-	4	4	-															
	Hay						1907	-												10,0	Mar.-Werft
	Drache						1908	-	[1. Rate 1929]											9,44	" "
	Delphin						1919	-													
	Fuchs						1919	-													
6	Tender, Fischerei-schutz- u. Versuchs-boote.	8	-	8	8	-	1919/1919	-	2 Fischerei-schutzboote [1. Rate 1929]											1,6	Mar.-Werft
7.	Minensuchboote.	38	-	38	27	11	1916/1918	-					„4 M.Boote“					1 M.Boot		4,0	Mar.-Werft
8.	Vermessungs-schiffe.	2	-	2	2	-															
	Panther						1901	-													
	Meteor						1915	-													
9.	Peilboote.	4	-	4	3	1	1911/1912	-													
10.	Segelschulschiff.	1	-	1	1	-															
	Niobe						1899	-													
11.	Bewachungs-fahrzeuge	18	-	18	18	-															
	8 UZ Boote						1919	-		4 UZ Boote										1,25	Mar.-Werft
	10 UZ (S) Boote						1917	-					2 UZ (S) Boote					1 UZ (S) Boot		1,25	Mar.-Werft
12.	Sperrübungs-fahrzeuge.	nicht beschränkt!			24																
	24 S/F Boote						1905/1918	-								6 S/F Boote				0,2	Mar.-Werft
							Jährlicher Ersatz	Haushalt	56,09	60,76	60,85	59,66	59,7	60,0	60,0	60,0	60,0	60,0	60,0		

Auszug aus dem «Bauplan für den Ersatz der Kriegsschiffe Reichsmarine» gemäß den Bestimmungen des Versailler Vertrages

Panzerdeck der «Hessen» im Umbau. Sie geht auf einen Entwurf des Amtes Kriegsschiffbau aus dem Jahre 1900 zurück und gehörte zu den größten der Reichsmarine gestatteten Schiffe. Nach 1935 wurde sie zum ferngelenkten Zielschiff umgebaut. Sie mußte nach 1945 an die UdSSR ausgeliefert werden (s. a. S. 56)

Panzerdeck

«Niobe» fuhr im Ersten Weltkrieg als Handelsschiff unter norwegischer Flagge. Sie war von U-Boot 41 im November 1916 aufgebracht und von der Reichsmarine am 6. Februar 1922 übernommen worden. Am 30. April 1923 wurde sie von dieser als Schulschiff in Dienst gestellt

Torpedoboote W 103, W 104 und W 105 der Raubvogel-Klasse auf der Helling

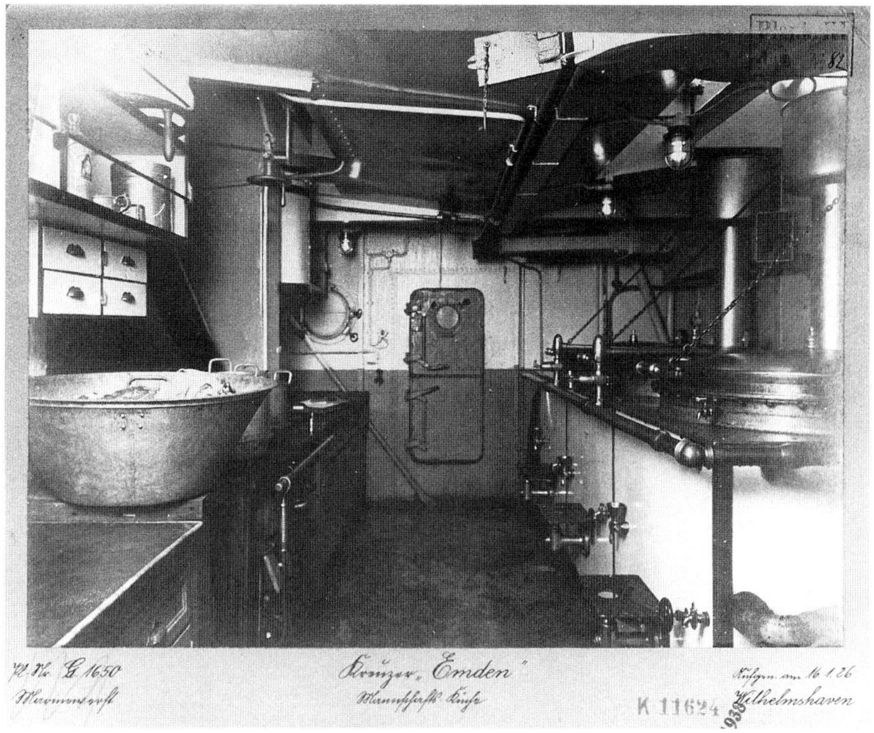

Kreuzer «Emden» war der erste Neubau eines größeren Überwasserschiffes der Reichsmarine. Hier die im Seemannsalltag bedeutsame Kombüse

Die recht dürftig ausgestattete Messe der seemännischen Unteroffiziere der «Emden»

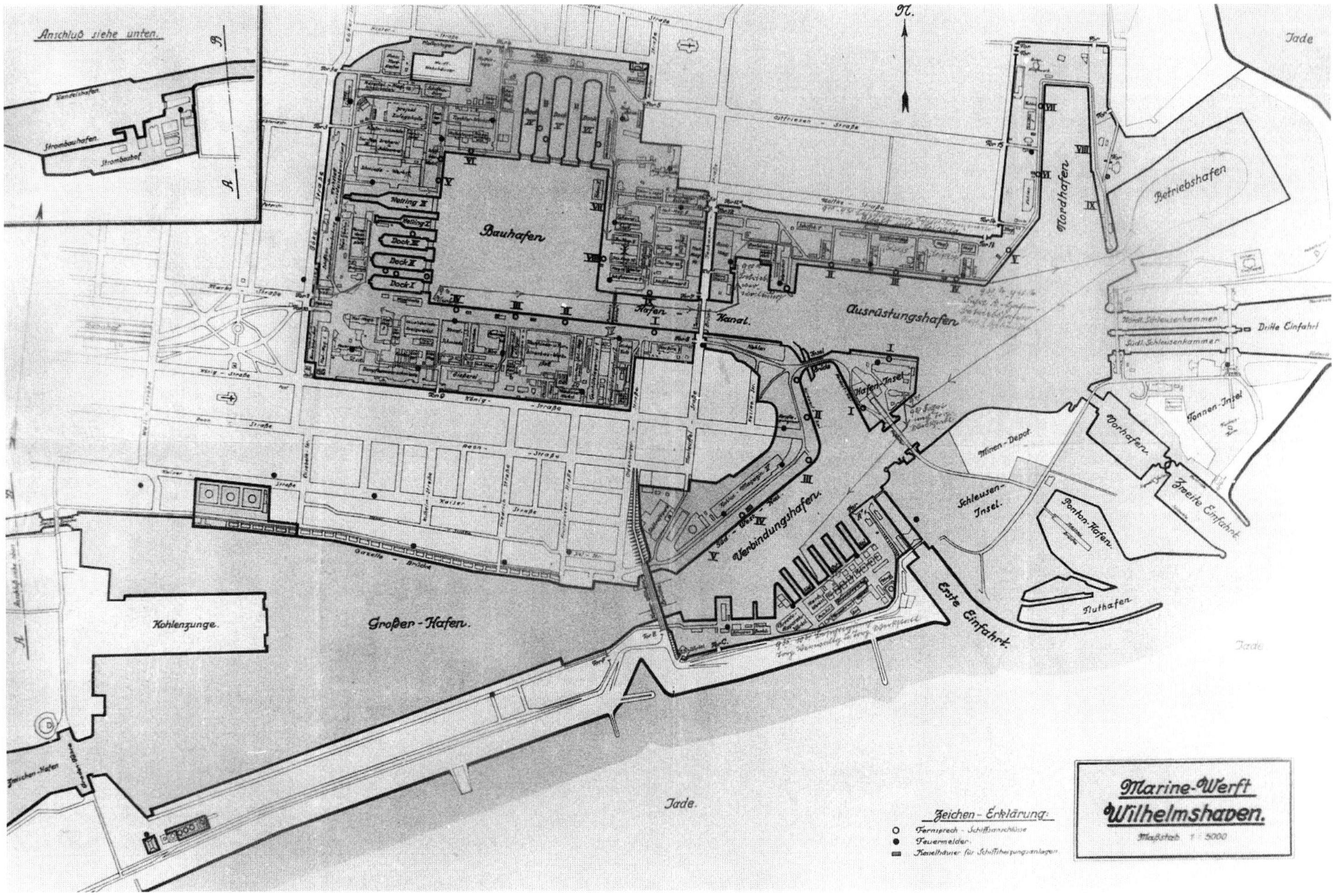

Plan der Marinewerft Wilhelmshaven, auf der viele der deutschen Überwasserschiffe gebaut wurden

Stapellauf der «Condor». Sie war eines der 6 Torpedoboote der Raubvogelklasse und ging im Juni 1944 durch Fliegerbomben verloren

«Seeadler», ein Schwesterboot der «Condor», bei der Werfterprobung. Die robusten Boote waren mit drei 10,5-cm-Geschützen und 6 Torpedorohren ausgestattet. Außerdem konnten 30 Minen an Bord genommen werden

Das hier mit einer Persenning abgedeckte Buggeschütz der «Seeadler» war noch ein Modell aus dem Ersten Weltkrieg, da zum Zeitpunkt des Baues der Boote moderne Kanonen mit dem von den Alliierten zugestandenen Kaliber nicht zur Verfügung standen

Brücke der «Seeadler»

Die abgebildeten Boote gehören zur Raubtierklasse der zweiten Serie neuer Torpedoboote der Reichsmarine. Die Fahrzeuge befinden sich ebenso wie der im Hintergrund sichtbare Kreuzer «Cöln» im Stadium der Ausrüstung

Torpedoboot «Iltis». Die drei 10,5-cm-Geschütze, hier schon der moderne Typ C/28, und die Torpedorohrsätze befinden sich bereits an Bord

«Iltis» auf erster Fahrt. Das Boot sank im Mai 1942 nördlich von Boulogne im Gefecht

«Leopard» im Dock. Ein Torpedorohrsatz wird gerade montiert. Im Hintergrund, mit «FK» gekennzeichnet, das Torpedoboot «Falke» der Raubvogelklasse

Im Dock: «Leopard» von achtern. Erst eine der beiden Schrauben ist montiert. Dieses Boot sank im April 1940 nach Kollision mit dem Minenschiff «Preußen» in der Nordsee

«Luchs» im Stadium der Ausrüstung

Artillerieschulschiff «Bremse» mit den Fischereischutzbooten A («Elbe») und B («Weser») auf der Helling. «Elbe» fuhr als Begleitschiff der 5. R-Flottille und «Weser» der 7. R-Flottille

«Bremse» im Stadium der Ausrüstung längsseits vom Kreuzer «Leipzig»

«Bremse» als Entwurf des Amtes Kriegsschiffbau hatte eine halbe Maschinenanlage der «Deutschland» als Versuchsausführung

Mit dem 8 MAN doppelwirkenden 8-Zylinder-Zweitakt-Diesel-Vulkangetriebe und zwei Schrauben erreichte «Bremse» bei 19kn einen Fahrbereich von 8000sm

Vulkangetriebe des Panzerschiffes «A» («Deutschland»)

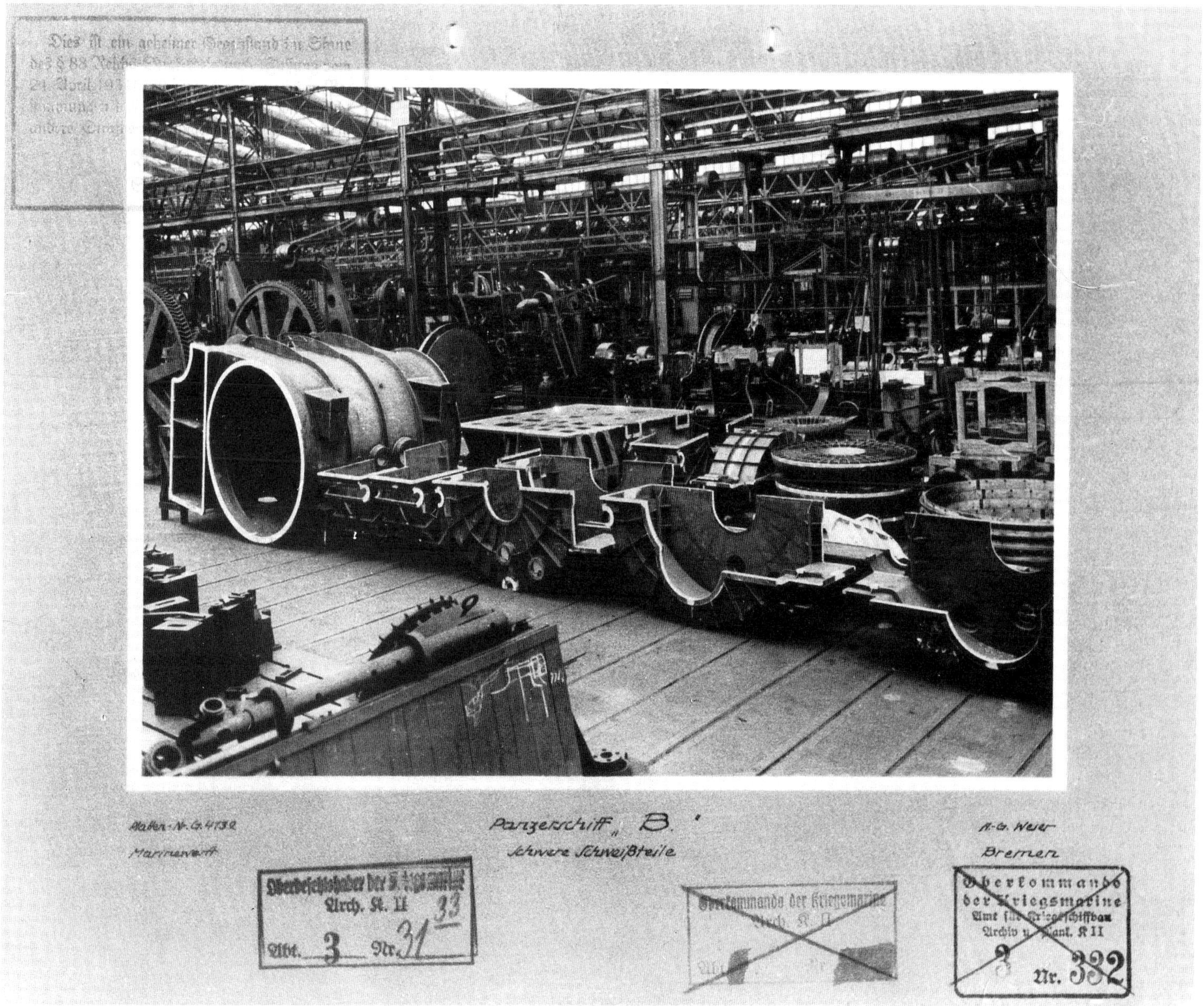

Antriebsdetails des Panzerschiffes «B» («Admiral Scheer»)

Die neuartige Maschinenanlage der Panzerschiffe war in kürzester Zeit auf Höchstleistung zu bringen und hatte auf Grund des Dieselantriebs einen Aktionsradius von 17000 sm

Dies ist ein geheimer Gegenstand im Sinne
des § 88
24. April
Ak-Nr. 3.4789
Marinewerft
Oberbefehlshaber der Kriegsmarine
Arch. K. II
Abt. 3 Nr. 31 36
Panzerschiff „B"
Ölkupplungen
Oberkommando der Kriegsmarine
Arch. K. II
A.-G. Weser
Bremen
Amt für Kriegsschiffbau
3 Nr. 329

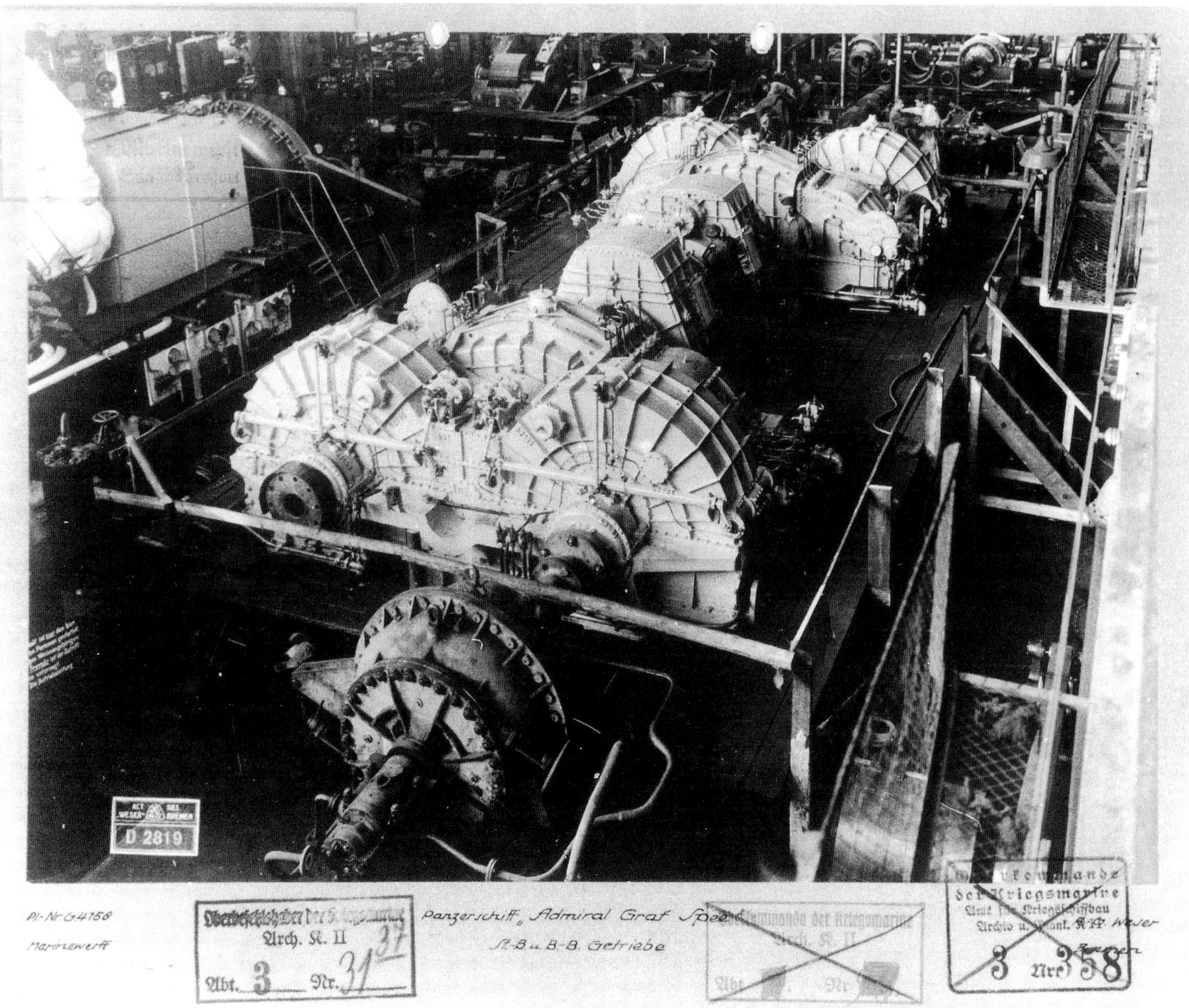

Maschinenanlage des dritten der neuen Panzerschiffe – der 1939 vor der La-Plata-Mündung selbst versenkten «Graf Spee»

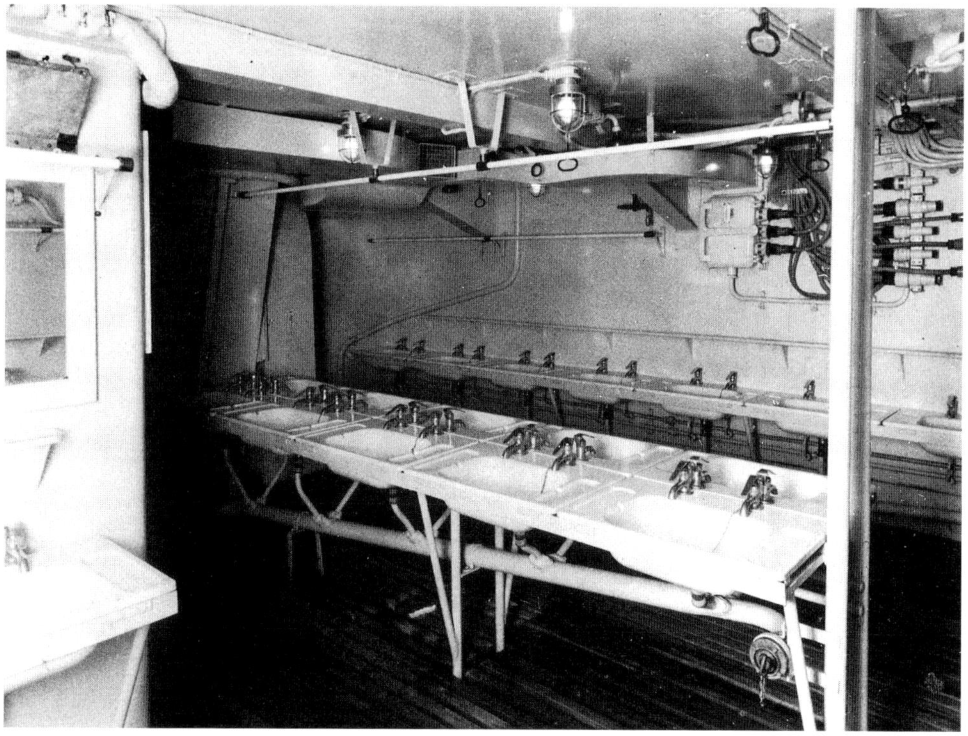

Kombüse und Waschraum auf dem Panzerschiff «Admiral Scheer»

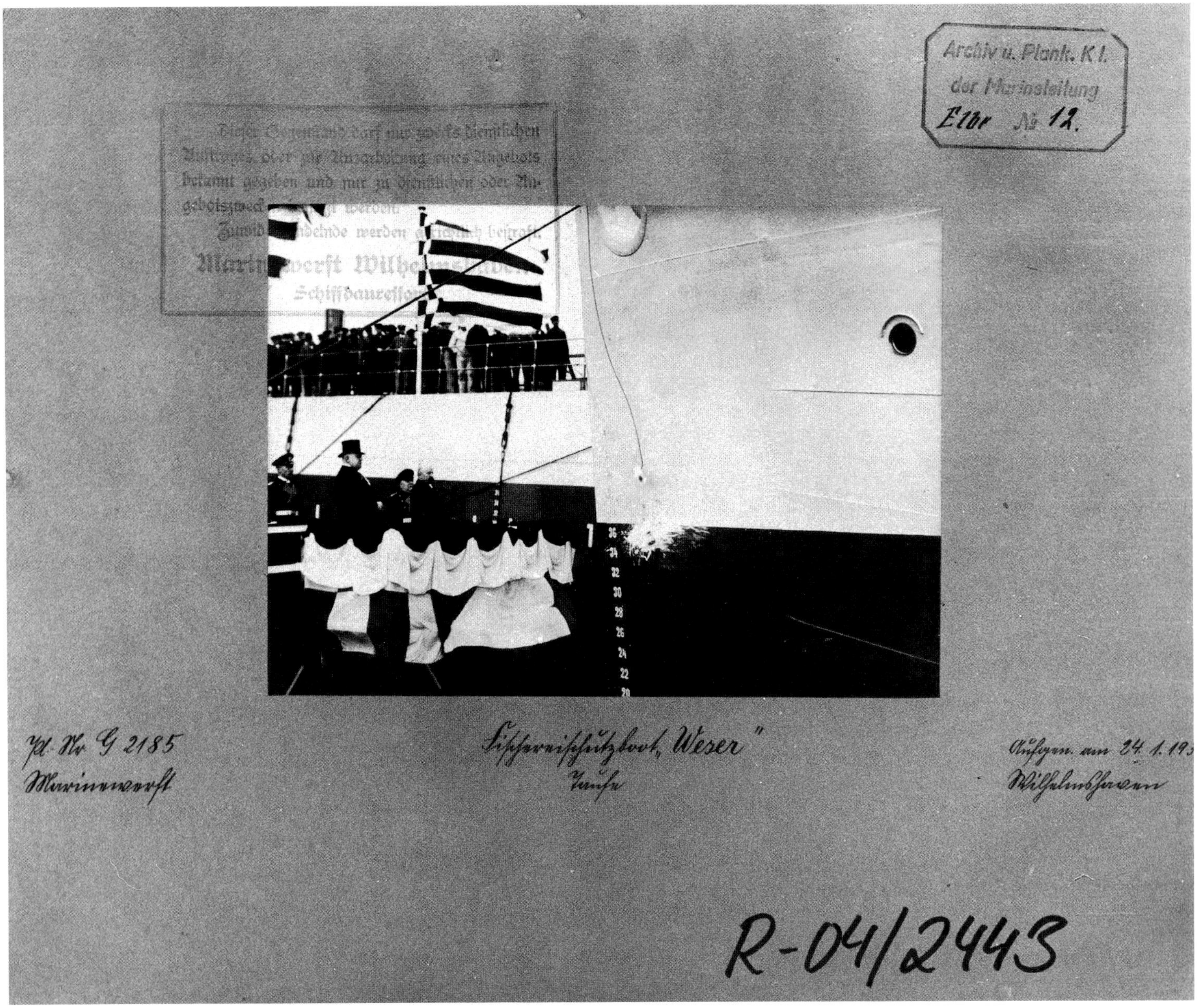

Stapellauf der «Weser» 1931, Schwesterschiff der «Elbe». «Weser» überlebte den Zweiten Weltkrieg, fuhr zunächst bei der German Minesweeping Administration, dann beim Minenräumverband Cuxhaven und wurde schließlich 1951 aufgelegt und 1954 abgebrochen

Wrack der gehobenen «Niobe» an der Pier

Kommandantenkammer der gehobenen «Niobe»

Achterschiff des Wracks der «Niobe». Das Schiff wurde im August 1932 gehoben und am 18.September vom Torpedoboot «Jaguar» in der Ostsee versenkt

Arbeiten am Klüverbaum der «Gorch Fock», des neuen Segelschulschiffs der Reichsmarine

Arbeiten am Mast der «Gorch Fock»

«Gorch Fock» auf der Helling. Ihre Segelfläche betrug 1 800 m²

Der Rumpf des neuen Segelschulschiffes von achtern

«Gorch Fock» im Dock

Stapellauf der «Gorch Fock» am 3. Mai 1933. Die Indienststellung erfolgte am 27. Juni desselben Jahres

«Gorch Fock» am Ausrüstungskai

«Gorch Fock» beim Setzen der Segel. Das im Strelasund 1945 versenkte Schiff wurde unter sowjetischer Aufsicht von deutschen Fachleuten gehoben, in Stralsund neu ausgerüstet und von der östlichen Siegermacht übernommen

Oerlikon

Art bezw. Abmessung der Sockelschrauben	M.27
Anzahl der Sockelschrauben	5 Stück
Größte Schwenkgeschwindigkeit	
Größte Höhenrichtgeschwindigkeit	
Feuergeschwindigkeit / Min.	500 Schuß/Min.
Größte Schußweite	
Größte Schußhöhe	
Lebensdauer des Rohres	
Art der Patrone	2 cm L'spur Spr.Patr.
Gewicht des Geschosses	0,126 kg
Gewicht der Patrone	0,250 kg
Länge der Patrone Länge der Hülse Länge des Geschosses	180 mm 110 mm 80 mm
Art des Zünders	Aufschlag-Zünder
Ladungsgewicht	0,030 kg
Gewicht des Zubehörs einschl. Zurrung	

a) 2 cm Flak

Vo	830 m/sec.
Größte zulässige Erhöhung und Senkung	-5^{0} b. $+85^{0}$
Feuerhöhe über Unterkante Sockelflansch	1200 b. 1600 mm
Bedienungshalbmesser	1300 mm
Gewichte: Rohr mit Verschluß Wiegenträger und Sockel Visier Gesamtgewicht des Geschützes	 3 kg 85 kg
Rücklauflänge a) beim Schuß b) max.b.Anschlag	
Größter Rückstoß des Rohres	
Art der Zieleinrichtung	Kreiskornvisier
Senkrechter Abstand der Ziellinie von der Seelenachse	
Seitlicher Abstand der Ziellinie von der Seelenachse	
Sv.-Einstellung	
Schwenkbereich	360^{0}
Grundplatte	
Lochkreis der Grundplatte	
Sockelflansch ∅ bezw. Drehscheibenplatte	750 mm

Angaben zu Flakwaffen. Ihre Anzahl, wie sich schon bald nach Beginn des Zweiten Weltkrieges herausstellte, sollte auf der Mehrzahl der Schiffe und Boote nicht ausreichen

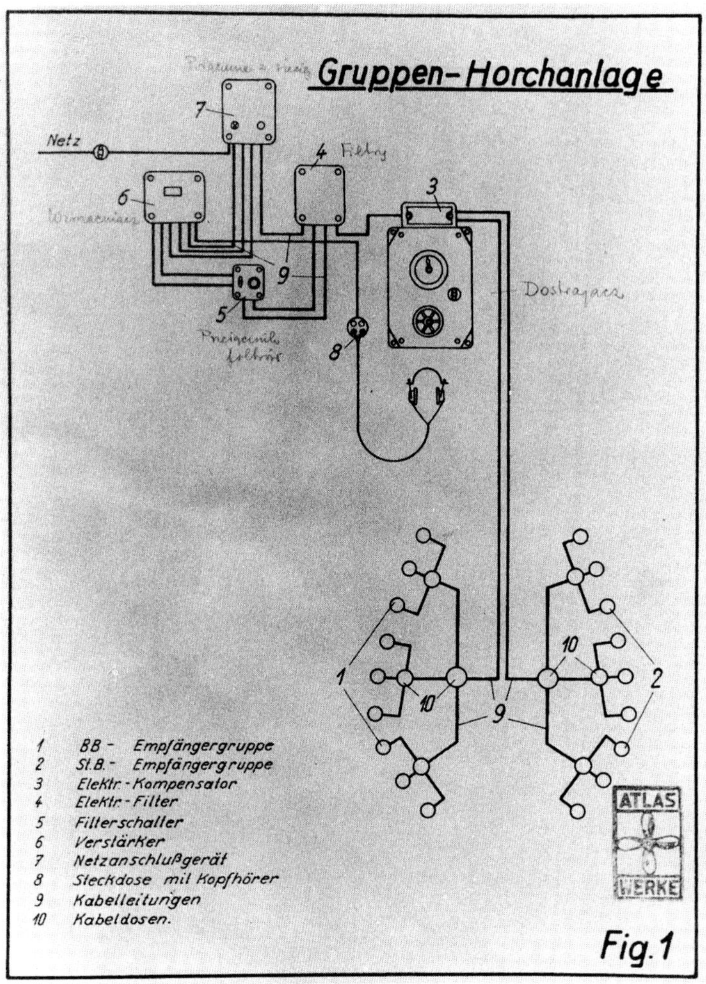

Gruppenhorchanlage der Atlaswerke für Überwasserschiffe. Eine der unauffälligen technischen Neuheiten, die im Krieg verbessert wurden und die den Seekrieg veränderten

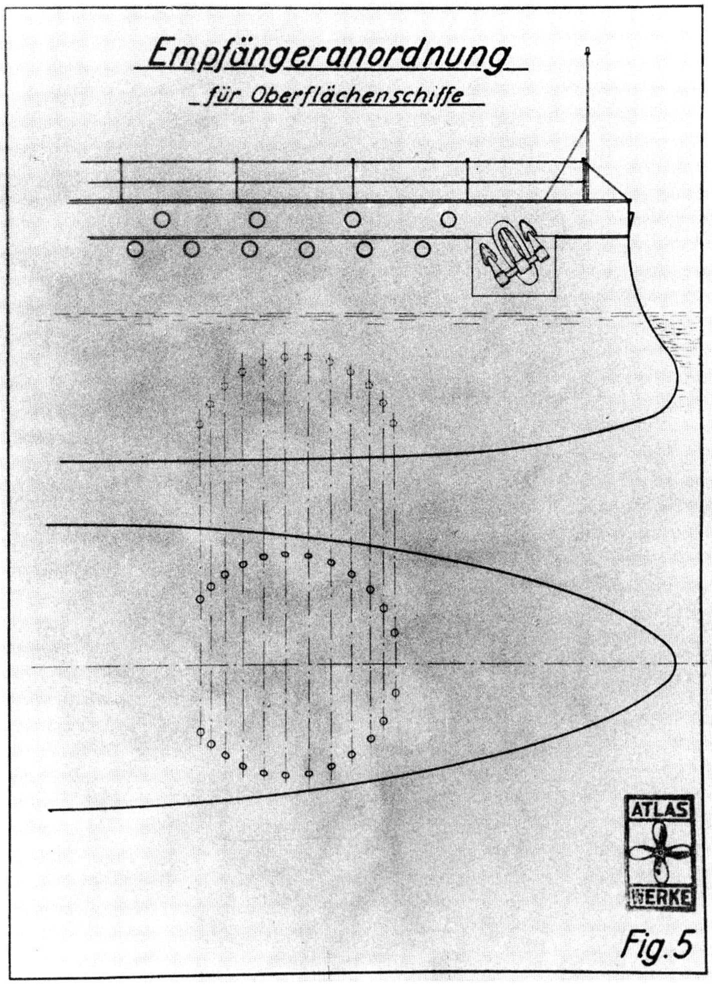

Die moderne Horchanlage ermöglichte es, «Schallwellen auf große Entfernungen hin abzuhören und durch besondere Methoden die Richtung Schallquellen mit großer Genauigkeit zu bestimmen»

1934 begann die Reichsmarine mit dem Bau von Zerstörern. Am 5. März 1937 läuft Z 1 «Leberecht Maaß» die Meile

Rumpf von Z 2 «Georg Thiele». Z 2 ging 1940 beim Angriff auf Norwegen verloren

Eines der ersten S-Boote der Reichsmarine vom Typ S 1. Aus Holz gebaut, liefen sie mehr als 30 sm/h. Sie waren mit zwei Torpedorohren ausgestattet

Getriebe des kleinen Kreuzers «Nürnberg». Dieses Schiff fuhr als Beute der UdSSR unter dem Namen «Admiral Makarow»
II. Teil 1935 bis 1945

Der Bau von S-Booten war für die Periode der relativen Schwäche der deutschen Marine von Wichtigkeit. Hier eines der Boote der Serie S 7–25, vermutlich bei der Abnahmefahrt

Z 1 «Leberecht Maaß» und Z 2 «Georg Thiele» wurden 1937 in Dienst gestellt. Beide gingen bereits im ersten Halbjahr 1940 verloren

Z 3 «Max Schultz» im Dock. Es wird bereits an den Aufbauten gearbeitet

Achterschiff von Z 4 «Richard Beitzen». Er war einer der wenigen deutschen Zerstörer, die den Krieg überstanden. Er ging als Beute an England

Maschinenanlage des Z 14 «Friedrich Ihn» auf dem Prüffeld. Ihre Kompliziertheit war eine der Ursachen der geringen Einsatzbereitschaft der deutschen Zerstörer

Alle deutschen Zerstörerbauten, auch «Friedrich Ihn» litten an der störanfälligen Hochdruck-Heißdampf-Antriebsanlage, unzureichender Stabilität sowie zu geringer Seeausdauer und zu kleinem Fahrbereich

Z 7 «Herrmann Schoemann» auf der ersten Ausfahrt. Er sank im Mai 1942 während eines Gefechts im Nordmeer

Kreuzer „Blücher" Beschreibung und Betriebsvorschrift	Marine-La Mont-Kessel (Lichtbild)	Abb 1

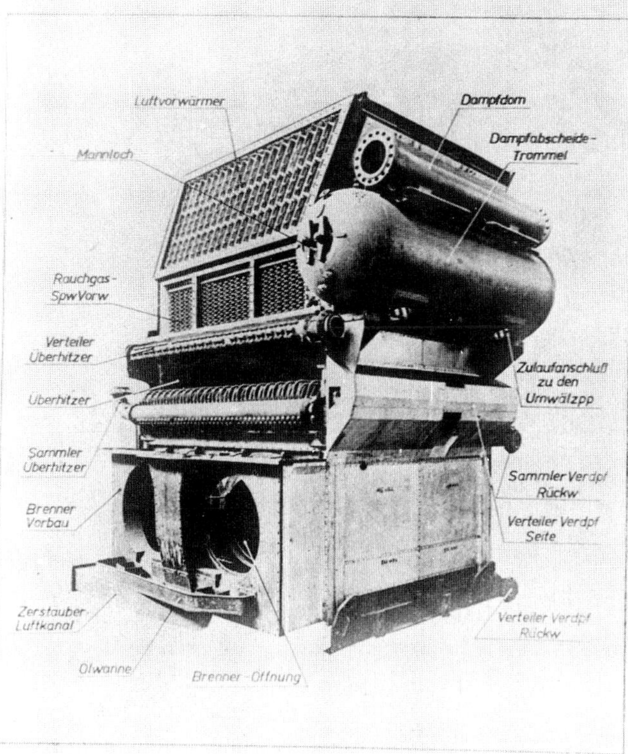

Kreuzer „Blücher" Beschreibung und Betriebsvorschrift	Schema der Meßstellen im Luft und Rauchgasstrom

Lfd. Nummer nach MM–31013 „Meßstellen für EKK-Erprobung"

Lfd. Nr.	Benennung	Anmerkung
	a) Ständig eingebaute Meßstellen	
314	Luftdruckmesser Kesselraum	Fahrstand
316 } 319	Luftdruckunterschiedmesser Heißluftkanal-Feuerraum	z. Fahrstand
321	R Gas Temp hinter Luftvorw.	z. Fahrstand
322	R Gasmesser CO_2	z. Fahrstand
322a	R Gas Abnahme	f. Orsat-Anlage
365	Zerstäuberluftdruck v. Ölbrenner gegenüber Kesselraumdruck	n. Fahrstand
a } b	Druckanstoßabnahme für Luftklappenregler	
	b) für Bedarfsfälle vorgesehene Anschlüsse	
315	Kesselluftdruck hinter Luftvorw. gegenüber Kesselraumdruck	
317	Kesselluftemp vor Ölbrenner	
320	R Gasdruck hinter Luftvorw. gegenüber Kesselraumdruck	
323	R Gas Temp im Schornstein	

Abbildung aus der «Beschreibung und Betriebsvorschrift» für die Kessel des schweren Kreuzers «Blücher»

Aus der gleichen Vorschrift das Schema einer Meßstelle, die nur ein Element im Überwachungssystem der komplizierten Maschine bildete. Die «Blücher» wurde im September 1939 in Dienst gestellt und sank bereits am 9. April 1940 beim Angriff auf Norwegen

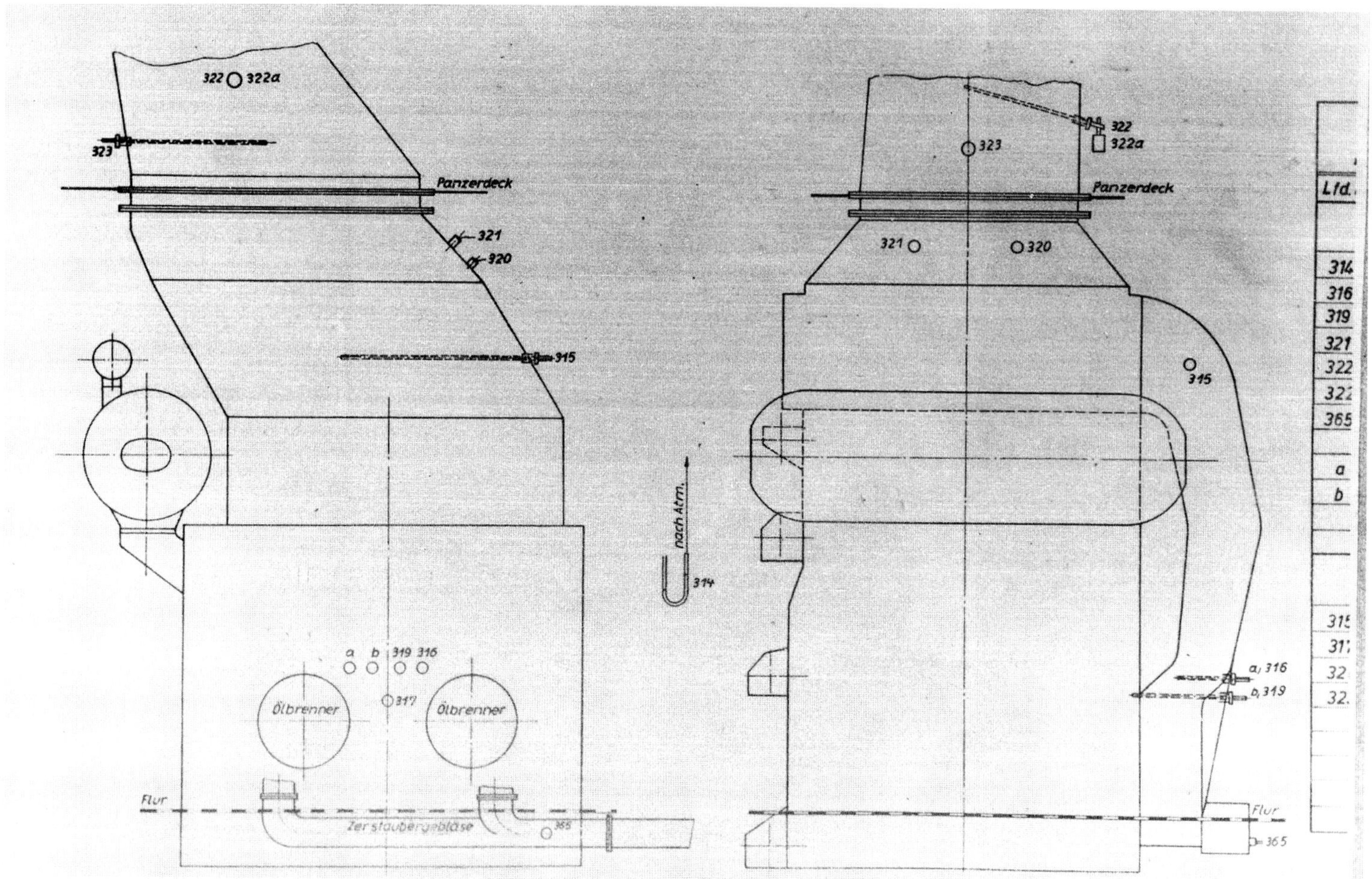
322
322a
323
Panzerdeck
321
320
315
nach Atm.
314
a
b
319
316
317
Ölbrenner
Ölbrenner
Flur
Zerstäubergebläse
365
Lfd.
314
316
319
321
322
365
a
b
a, 316
b, 319

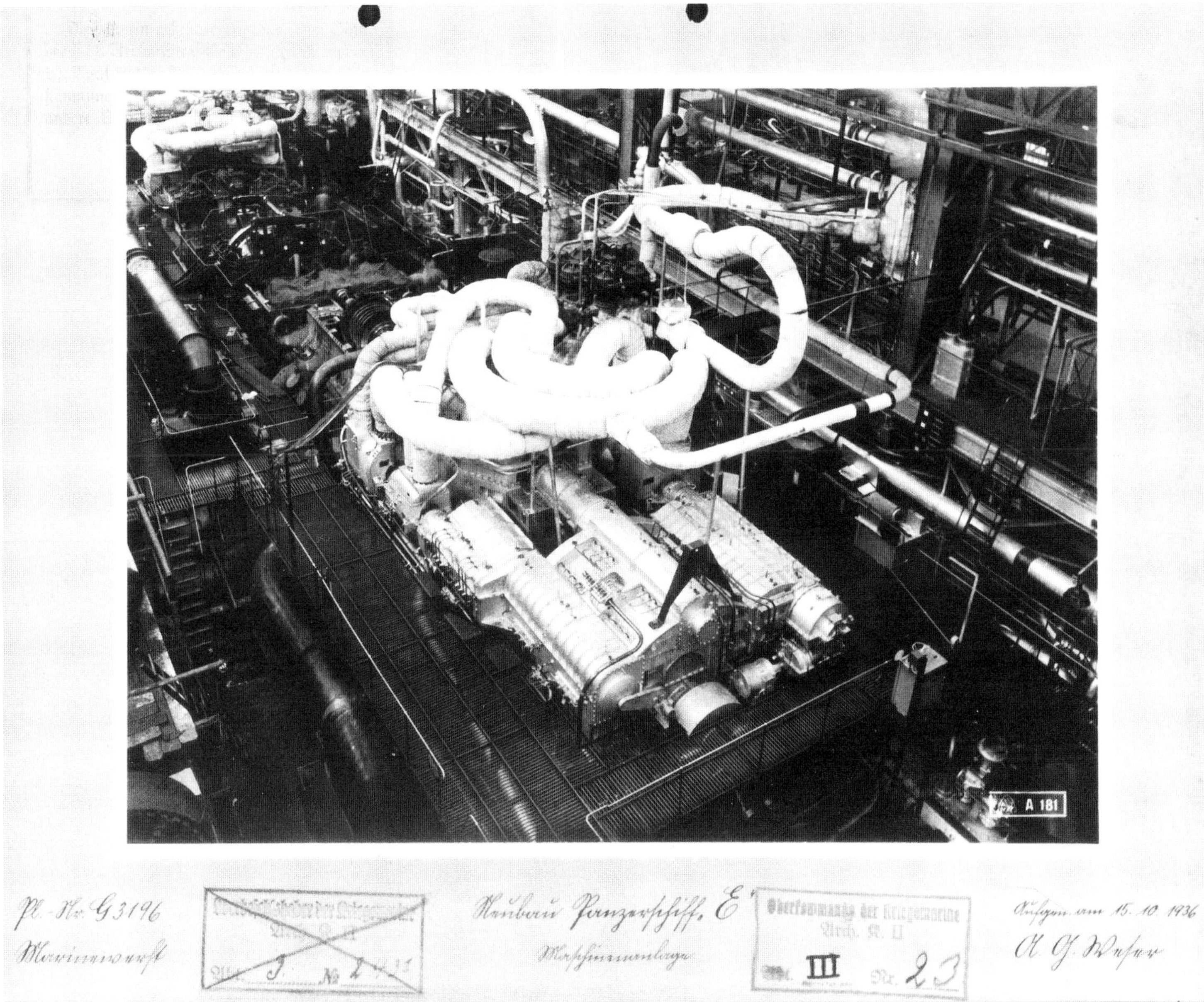

Maschinenanlage des Schlachtschiffes E «Gneisenau». Es wurde in den Deutschen Werken A. G. Kiel gebaut

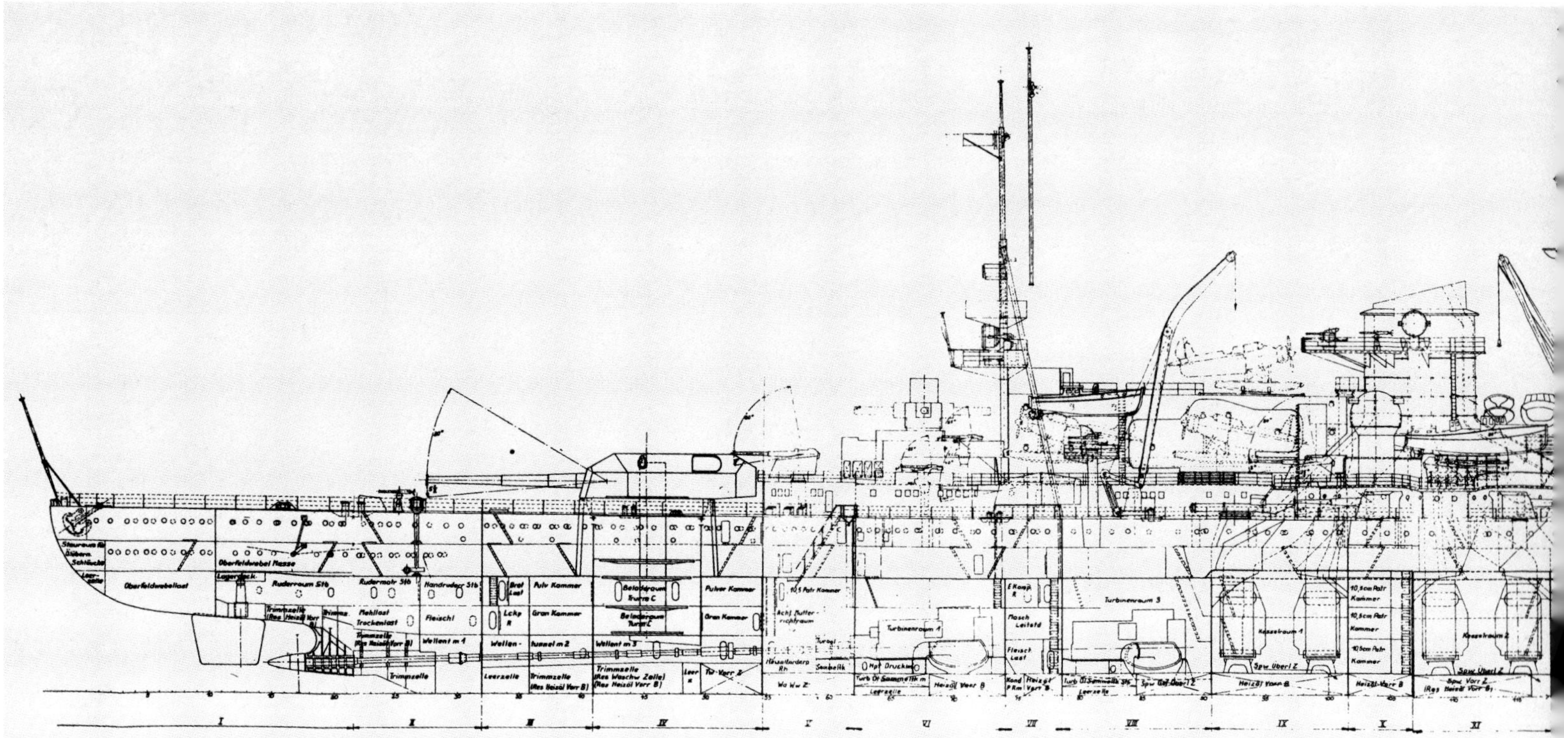

Längsschnitt der «Gneisenau»

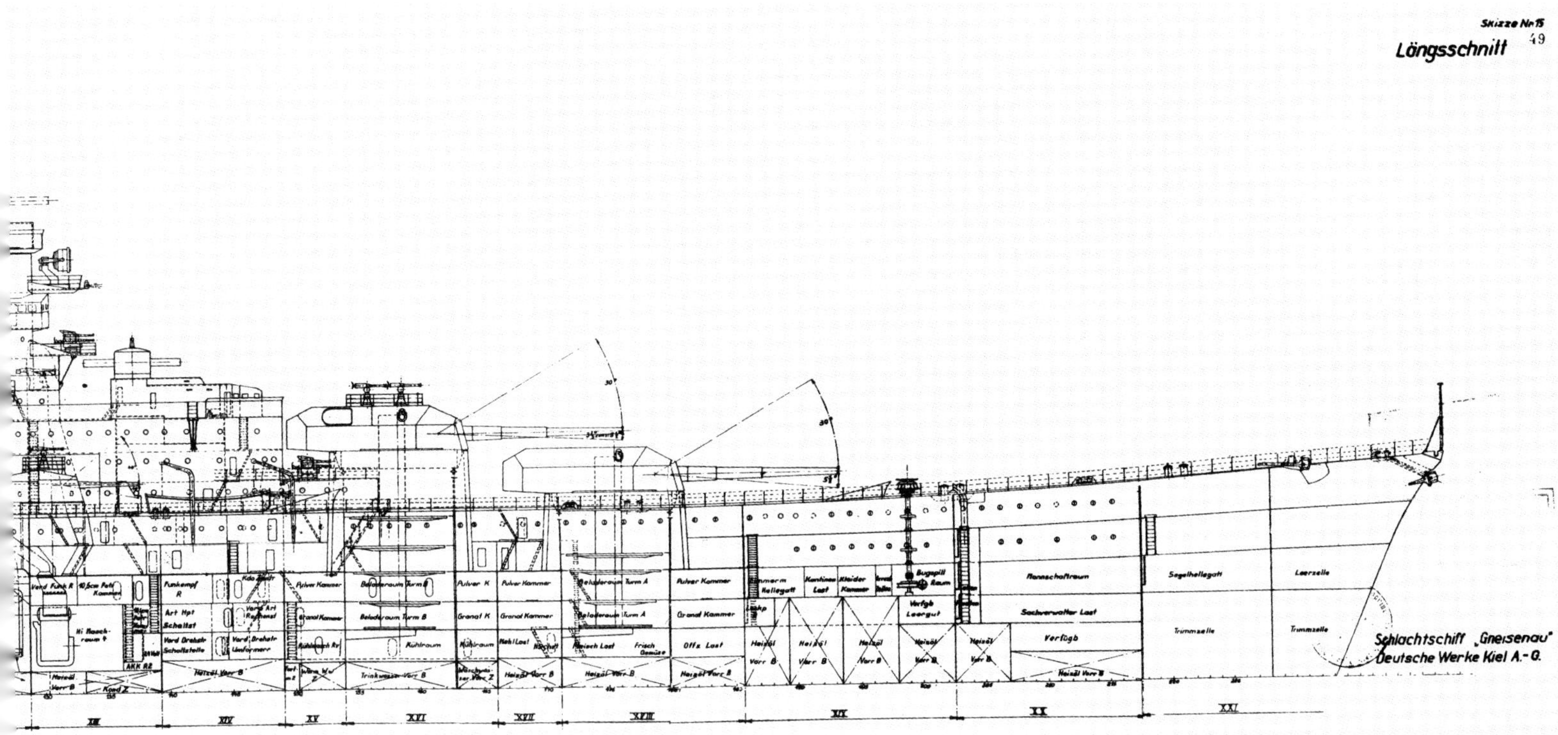
Skizze Nr 15
49
Längsschnitt
Schlachtschiff „Gneisenau"
Deutsche Werke Kiel A.-G.

Mit dem Bau des Schlachtschiffes «Gneisenau» wie mit dem des Schlachtschiffes «Scharnhorst» wurde noch vor Abschluß des deutsch-britischen Flottenvertrages begonnen, was illegal war. Der Baubeginn datiert mit März 1935 und die Indienststellung mit dem 21. Mai 1938. Die «Gneisenau» wurde 1945 vor die Hafeneinfahrt von Gdynia geschleppt und dort auf Grund gesetzt

«Prinz Eugen» in einem frühen Baustadium auf der Germaniawerft in Kiel

«Prinz Eugen» auf der Helling der Germaniawerft

Stapellauf des schweren Kreuzers am 22. August 1938. Er wurde am 1. August 1940 in Dienst gestellt

«Prinz Eugen» am Ausrüstungskai. Die Bugtürme mit den 20,3 L/60 Kanonen sind bereits montiert

Bugansicht der «Prinz Eugen» rund fünf Monate vor der Indienststellung

Heckansicht der «Prinz Eugen» um die gleiche Zeit

«Prinz Eugen» in See, vermutlich bei der Werfterprobung

S 14 und S 15 waren ein Rundspant-Doppelkraweel-Mahagoni-Leichtmetall-Kompositbau mit stählernem Motorfundamenten und offenem Kommandostand vor geschlossenem Ruderhaus

Oberfeldwebelmesse der «Prinz Eugen», Blick nach BB achtern. Auffällig der Unterschied zur Messe der «Emden»

BB-Ansicht achtern von S 14 in Fahrt. Beachte die MG-Plattform auf dem Achterdeck, auf dem die Waffe noch fehlt

Ruderstand von S 14 mit Kompaß und Maschinentelegrafen sowie Ruder in traditioneller Form

Offiziersmesse auf S 14 (ebenso auf S 15). Aufnahme vom Februar 1936

Vorderer Motorenraum von S 14 (ebenso S 15). Blick nach achtern

Vorderer Motorenraum von S 14 (ebenso S 15). Blick nach vorn BB

Zwei Aufnahmen vom hinteren Motorenraum von S 14 (ebenso S 15). Nach einer Baubeschreibung für die Hauptmotoren hatten die Boote S 14 und S 15 «Drei kompressorlose umsteuerbare doppelwirkende Zweitakt-Dieselmotore, Bauart L 11 Zu 19/30 in Links- und Rechtsausführung, d.h. BB- und Mittelmotor linksdrehend, StB-Motor rechtsdrehend (von achtern nach dem Vorschiff gesehen)»

«S 15» ebenso wie «S 17» hatten Dieselmotore, während bis «S 6» noch Benzinmotore eingebaut wurden

Einblick in die Fertigungsweise beim S-Bootbau zu Friedenszeiten auf der Fr. Lürssen-Werft

Platten-Nr. G.3453 | S-Boot (S. 17) | Aufgen. am 21.7.1937.

Marinewerft | Ansicht von vorn mit montierten Torpedorohren | Fr. Lürssen, Vegesack-Bremen

Bau No 12635 S.17. No. 12755 S.18. No. 12760 S.19.

Motorboote Nr. 30.1.

S 18 wurde im Sommer 1938 in Dienst gestellt. Blick über das Vorderdeck auf das Ruderhaus

Kommandantenraum von S 18, von StB nach BB gesehen. Die Aufnahme wurde einen Tag nach Indienststellung gemacht

Unteroffiziersraum auf S 18, von vorn nach achtern gesehen. Beachte die nahezu U-Boot-ähnliche Enge

Mannschaftsraum auf S 18, von achtern nach vorn gesehen

Motorenraum hinten auf S 18, von BB nach StB gesehen. Das Boot hatte drei Daimler-Benz MB 501-20 zyl.-V Viertakt-Diesel

Motorenraum hinten auf S 18, vom vorderen Schott nach achtern gesehen

S 22 auf Abnahmefahrt im Frühjahr 1939 in Elsfleth

Anfertigung des Wellenbockmodells für S 22. Die Aufnahme verdeutlicht die handwerkliche Fertigungsweise beim S-Boot-Bau

Hinteransicht des Ruderhauses von S 22 mit Signalständen und Mast, von BB gesehen

Gang unter dem Ruderhaus auf S 22, vom FT-Raum auf das Motorenraum-Schott gesehen

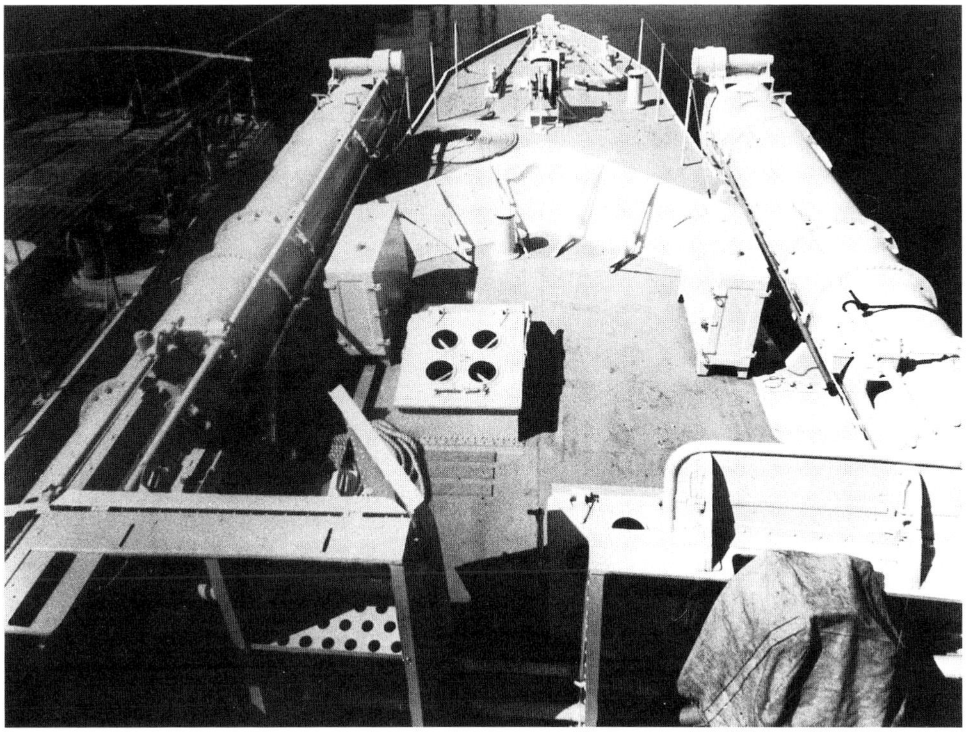

Das Vorschiff von S 22, vom Dach des Ruderhauses gesehen. Im Vordergrund der bei Booten dieses Typs offene Kommandostand

Obermaschinistenkammer auf S 22, von der Tür aus nach StB gesehen

Mannschaftsraum auf S 22 mit Blick nach achtern. Deutlich sichtbar die Treppe, der Munitionsschrank und die Staukörper-Bedienung

Heckraum auf S 22, vom Gang zwischen den Tanks auf das Ruderfundament gesehen

Stapellauf von Z 13 «Erich Koellner»

Z 11 «Bernd von Arnim», Z 13 «Erich Koellner» und Z 12 «Erich Giese» im Stadium der Ausrüstung. Alle drei sanken am 13. April 1940 beim Angriff auf Norwegen

Z 11 «Bernd von Arnim» von BB vorn

Schwerer Kreuzer H «Admiral Hipper» im Bau. Bemerkenswert der Fehler des sowjetischen Auswerters, der aus dem Ort «Hamburg» der Bauwerft auf den Namen des Schiffes folgerte

Einsetzen eines La-Mont-Kessels (Kessel mit Zwangsumlauf) in die «Hipper»

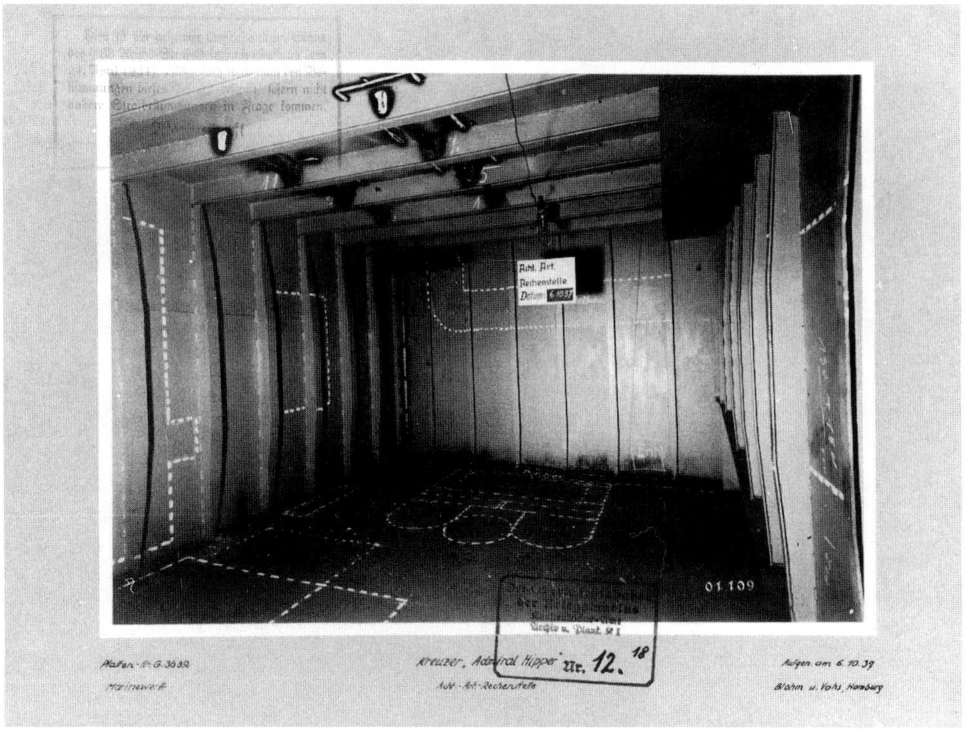

Markierung von Einbauten auf der «Hipper». Der Kreuzer überstand den Krieg bis zum 3. Mai 1945, wo er im Dock der Deutschen Werke A.G. Kiel durch Fliegerbomben zerstört wurde

Schaltstellenraum und Umformerräume auf der «Hipper»

Platten-Nr. G 3618 Kreuzer „Admiral Hipper" Aufgen. am 4. 10. 1937
Marinewerft Vord-Art.-Haupt-Schaltstelle Blohm u. Voss, Hamburg

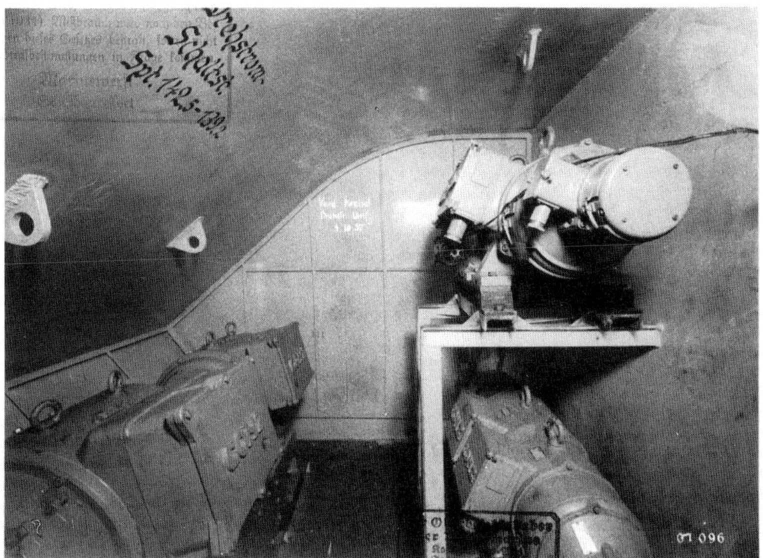

Platten-Nr. G 3619 Kreuzer „Admiral Hipper" Aufgen. am 4. 10. 1937
Marinewerft Vord.-Kreisel-Drehstrom-Umformer Blohm u. Voss, Hamburg

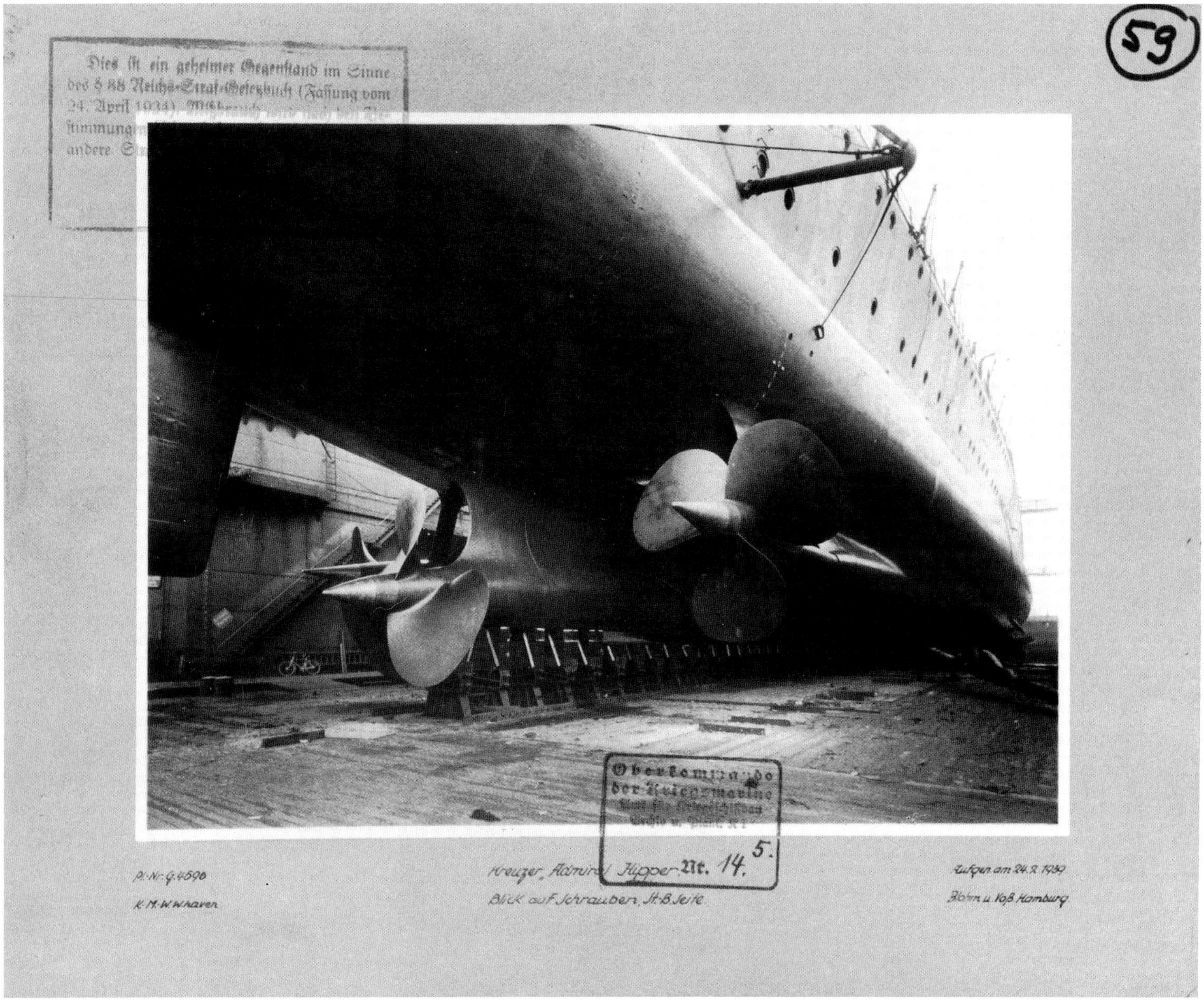

«Hipper» hatte drei Schrauben mit einem Durchmesser von je 3,15 m

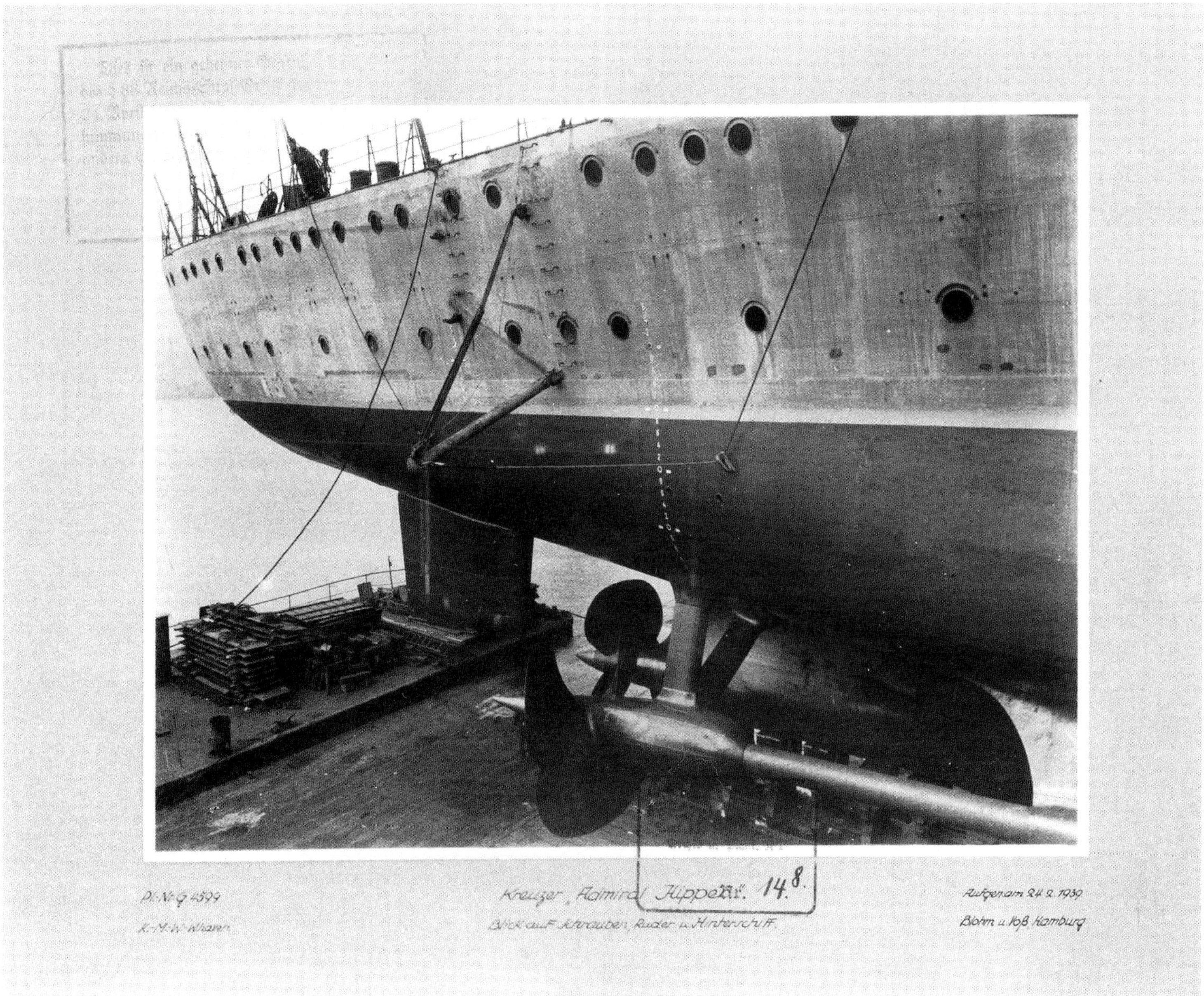

StB-Seite des Achterschiffs der «Hipper»

Beim Stapellauf der «Hipper» war der Oberbefehlshaber der Kriegsmarine zugegen. Seine Gattin taufte das Schiff

«Hipper» nach dem Stapellauf im Dock. Für eine ozeanische Verwendung dieses Schiffstyps war sein Aktionsradius zu gering, das Feuertempo seiner schweren Artillerie zu langsam und seine Munitionierung zu beschränkt

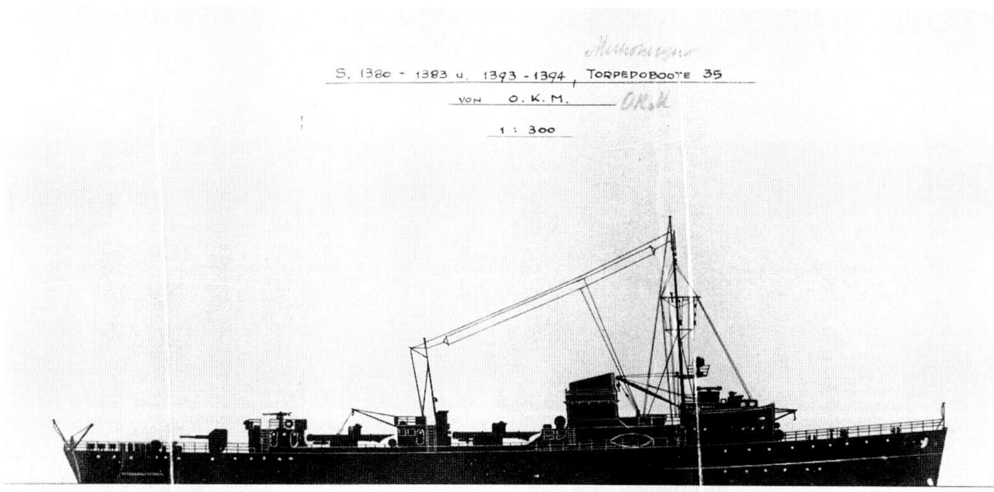

T 8 war das erste Boot des Typs «Torpedoboot 35». Es wurde im Oktober 1939 in Dienst gestellt. Zusammen mit denen des modifizierten Typs 37 sind 21 Fahrzeuge gebaut worden

Nachdem der Bau der Torpedoboote der Raubvogel- und Raubtierklasse ausgelaufen war, wurde Mitte der dreißiger Jahre der Typ «Torpedoboot 35» aufgelegt

«T 8» überstand den Krieg bis zu seiner Selbstversenkung am 3. Mai 1945.
Die «Torpedoboote 35» enttäuschten trotz guter See-Eigenschaften. Fahrbereich und Artillerie genügten den Kriegsanforderungen nicht.
Ab 1941 wurde auf den Booten die Artillerie- und Flakbewaffnung verstärkt

T1 und T9 im Stadium der Ausrüstung auf der Schichauwerft in Elbing

Z 28 vor dem Stapellauf am 20. April 1940 bei der Deschimag Weser aus ungewöhnlicher Perspektive

Der Bau von Flugzeugträgern war in Deutschland ohne Beispiel. Aufgrund intensiver Vorarbeiten konnte am 28. Dezember 1936 der Kiel für den Träger A auf Helling I der Deutschen Werke A.G. Kiel gestreckt werden. Die Aufnahme macht die gewaltigen Dimensionen des Schiffes sichtbar

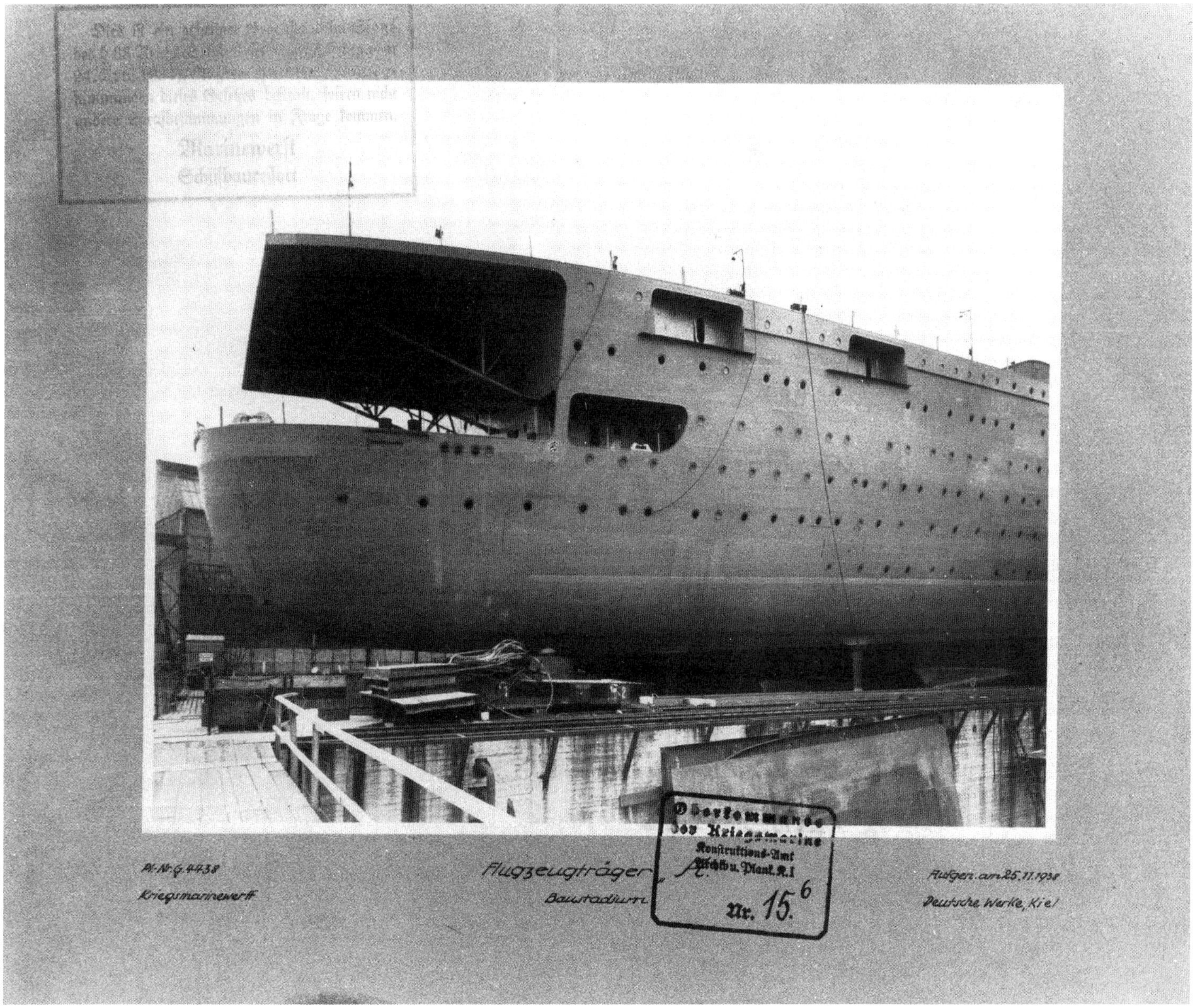

Achterschiff des Trägers A

Träger A wenige Monate vor dem Stapellauf. Die Arbeiten am Flugdeck und den Aufbauten sind im vollen Gange

K 252.

Besatzungsstärke am 10.November 1938.

Flugdeck	Offiziere See-	Ing.-	Flieger	Sanit.	Verw.	Beamte	Angest.	Sa.
1 Einzelkammer f. Oberleutn.	1	-	-	-	-	-	-	
1 Doppelkammer f. Oberleutn.	2	-	-	-	-	-	-	
Sa.	3							
A-Deck								
1 Arbeits-u.1 Schlafraum f. Admiral	1	-	-	-	-	-	-	
1 Arbeits-u.1 Schlafraum f. Kommandant	1	-	-	-	-	-	-	
12 Einzelkammern f. Korv.Kapt.	4	2	4	1	1	-	-	
24 Einzelkammern f. Kapt.Lts.	10	5	6	1	1	1	-	
6 Einzelkammern f. Oberleutn.	1	1	2	2	-	-	-	
16 Doppelkammern f. Oberleutn.	-	-	26	-	1 }	2	2	
13 Doppelkammern f. Leutn.	7	4	13	-	1 }	-	2	
1 Dreimannsk. f. Leutn.	-	-	-	-	-	3	-	
76 Kammern	27	12	51	4	4	6	4	108

1 Schlafraum und Messe für 30 Fähnriche 30

	Oberfeldwebel seem.	techn.	Flieger	Feldwebel seem.	techn.	Flieger	Sanit. Angest.	
A-Deck								
1 Einzelk. f. Feldwebel							1	
B-Deck								
3 Einzelk.f. Oberfeldw.	1	-	1	-	-	-	1	
40 Doppelk.f. Oberfeldw.	10	26	44	-	-	-	-	
1 Dreimannsk.f. Oberfeldw.	-	-	3	-	-	-	-	
3 Doppelk.f. Feldw.	-	-	-	4	-	2	-	
2 Dreimannsk.f. Feldw.u.Angest.	-	-	-	3	-	3	-	
Übertrag	11	26	48	7	-	5	2	138

	Oberfeldwebel seem.	techn.	Flieger	Feldwebel seem.	techn.	Flieger	Sanit. Angest.	
Übertrag	11	26	48	7	-	5	2	138
C-Deck								
2 Einzelkammern f. Oberfeldw.	2							
5 Doppelkammern f. Oberfeldw.	4	6						
1 Dreimannskam. f. Oberfeldw.	-	3						
2 Doppelkammern f. Feldwebel	-	-	-	4	-	-	-	
1 Dreimannskam. f. Feldwebel	-	-	-	3	-	-	-	
	17	35	48	14	-	5	2	121
1 Schlafraum f. 25 Flieg-Feldw. (U.Offz.)	-	-	-	-	-	25	-	25

Unteroffiziere

	seem.	techn.	Flieger	Sa.	
C-Deck	-	-	58	58	
D-Deck	55	103	-	158	
U.H.-Deck	81	21	-	102	
	136	124	58	318	318

Mannschaften

	seem.	techn.	Flieger	Sa.	
C-Deck	140	-	-	140	
D-Deck	75	-	111	186	
U.H.-Deck	249	95	44	388	
Zw.-Deck	100	275	-	375	
	564	370	155	1089	1089

Vetraglich angenommenes Personal

B-Deck	2 Barbiere	
C-Deck	5 Schneider	
D-Deck	4 Schuhmacher	
D-Deck	18 Köche und Kellner	
	29	29
	Besatzungsstärke	1720

Besatzungsstärke des Trägers A

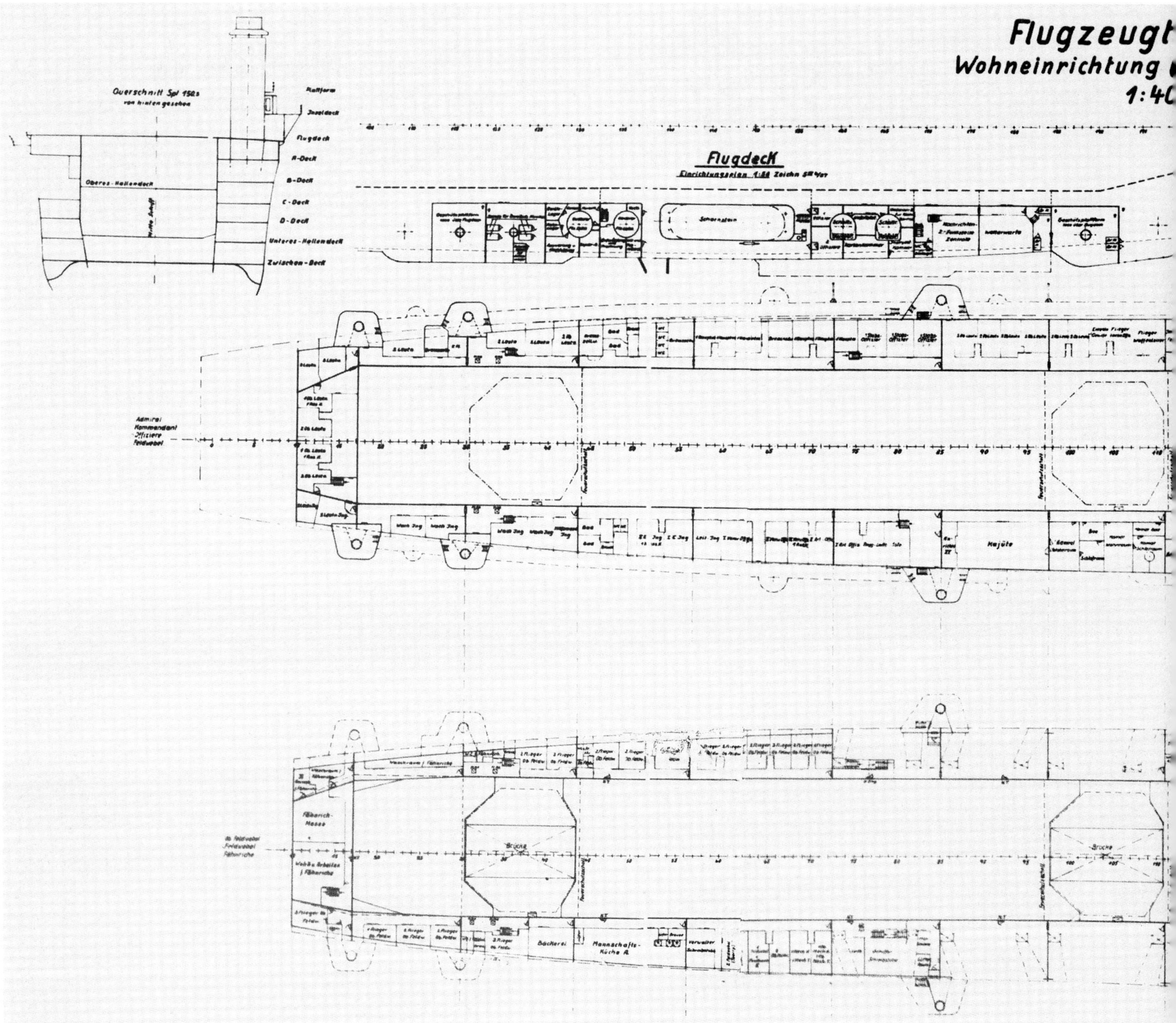

Decks A und B des Trägers A

er „A"

ungsplan)

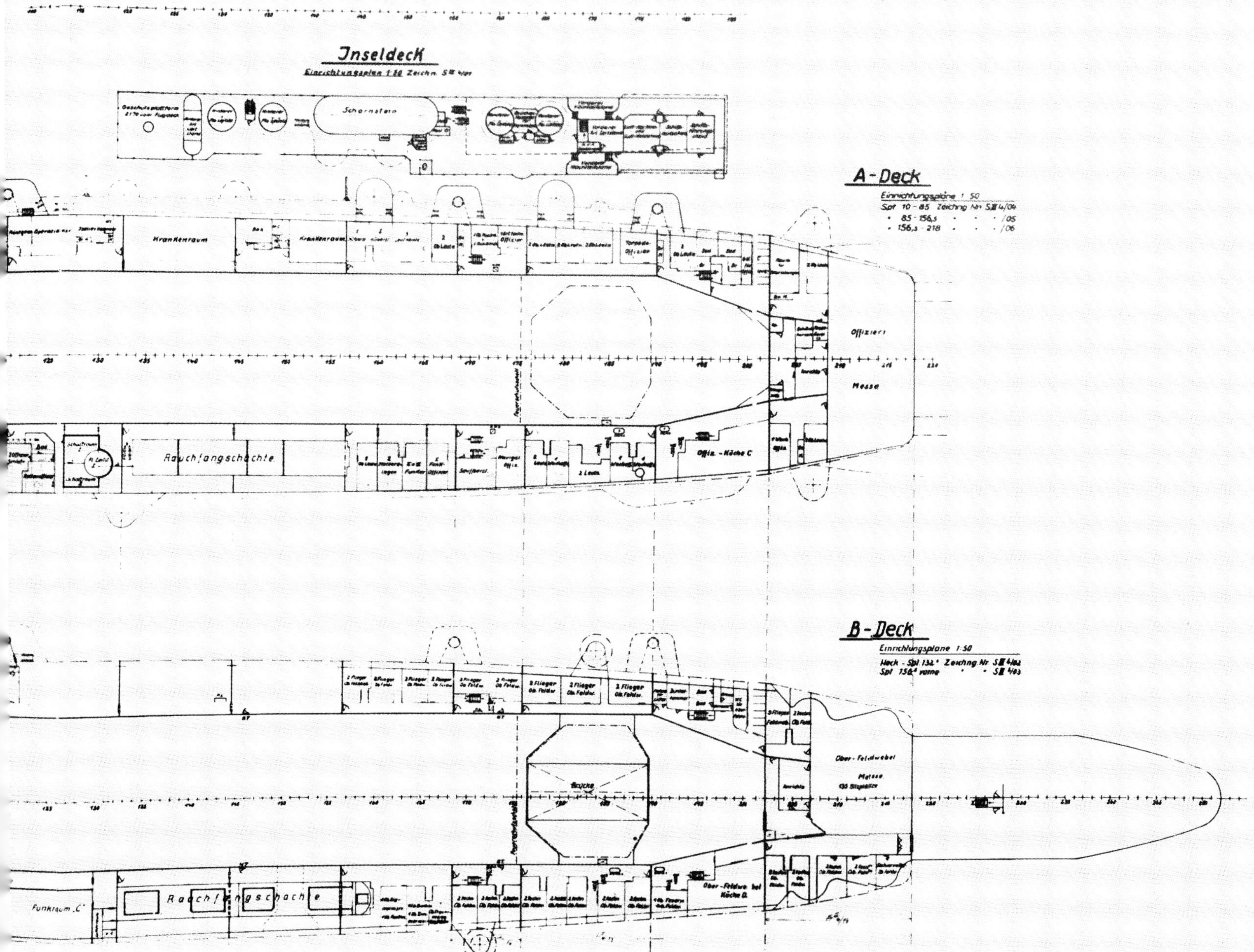

Bugansicht des Trägers A. Die Aufnahme macht die Vorbereitungen für den Stapellauf deutlich

Von den im Z-Plan vorgesehenen vier Flugzeugträgern lief nur die «Graf Zeppelin» vom Stapel. Fertig wurde kein Träger, nicht zuletzt eine Folge der zögernden Haltung der Marineführung in dieser Frage

Träger A wurde auf den Namen «Graf Zeppelin» getauft

«Graf Zeppelin» läuft vom Stapel

«Graf Zeppelin» im Stadium der Ausrüstung. Der Träger sollte nie fertiggestellt werden

Hier Detailaufnahmen (ebenso S. 160/161) der im Stadium der Ausrüstung befindlichen «Graf Zeppelin». Auffällig an diesem deutschen Flugzeugträger war seine relativ starke Artilleriebewaffnung

Oberkommando der Kriegsmarine
Amt für Kriegsschiffbau
Nr. 25.
Flugzeugträger „Graf Zeppelin"
Umformerraum Abtlg. XIV
Aufgen. am 18. 8. 1939
Deutsche Werke, Kiel

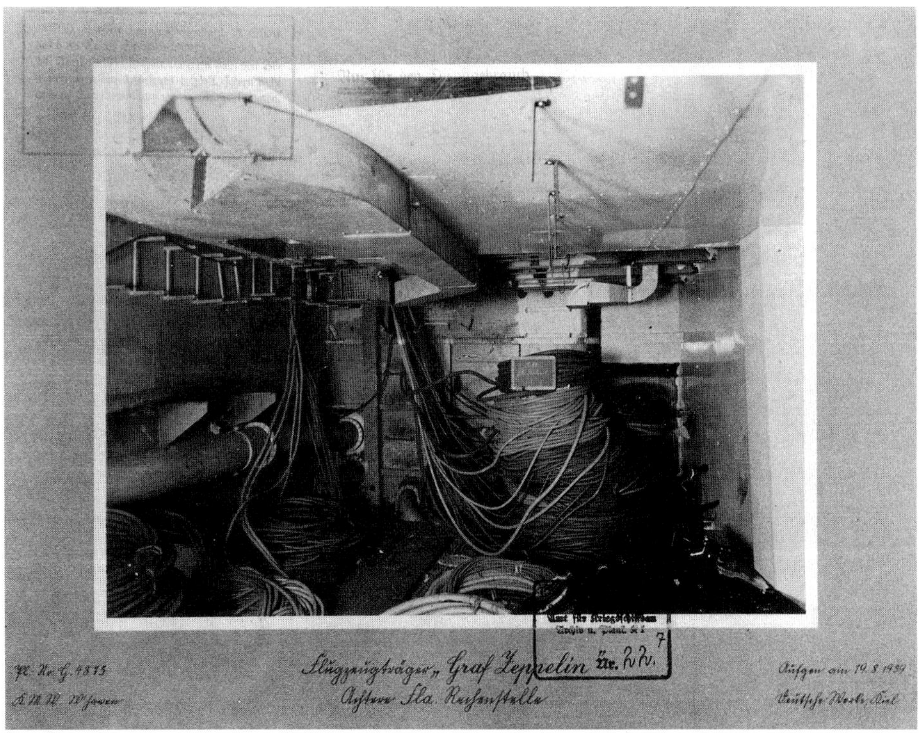
Amt für Kriegsschiffbau
Nr. 22.
Flugzeugträger „Graf Zeppelin"
Achtere Fla. Rechenstelle
Aufgen. am 19. 8. 1939
Deutsche Werke, Kiel

Oberkommando der Kriegsmarine
Amt für Kriegsschiffbau
Archiv u. Plank. K I
Flugzeugträger „Graf Zeppelin" Nr. 21.
Vorderer Fla-Leitstand Stb.
Aufgen. am 21.8.1939
Deutsche Werke, Kiel
Aufnahme steht auf dem Kopf!

Amt für Kriegsschiffbau
Archiv u. Plank. K I
Flugzeugträger „Graf Zeppelin" Nr. 20.
Vorderer 15 cm Geschützstand Bb.
Aufgen. am 21.8.39
Deutsche Werke, Kiel

Z 20 «Karl Galster». Er war ein Schiff des Typs «Zerstörer 36». Er wurde am 21. März 1939 in Dienst gestellt und 1945 Beute der UdSSR

Schlachtschiff «Gneisenau». Es gehörte zu den wenigen großen Schiffen, die von der Kriegsmarine eingesetzt werden konnten

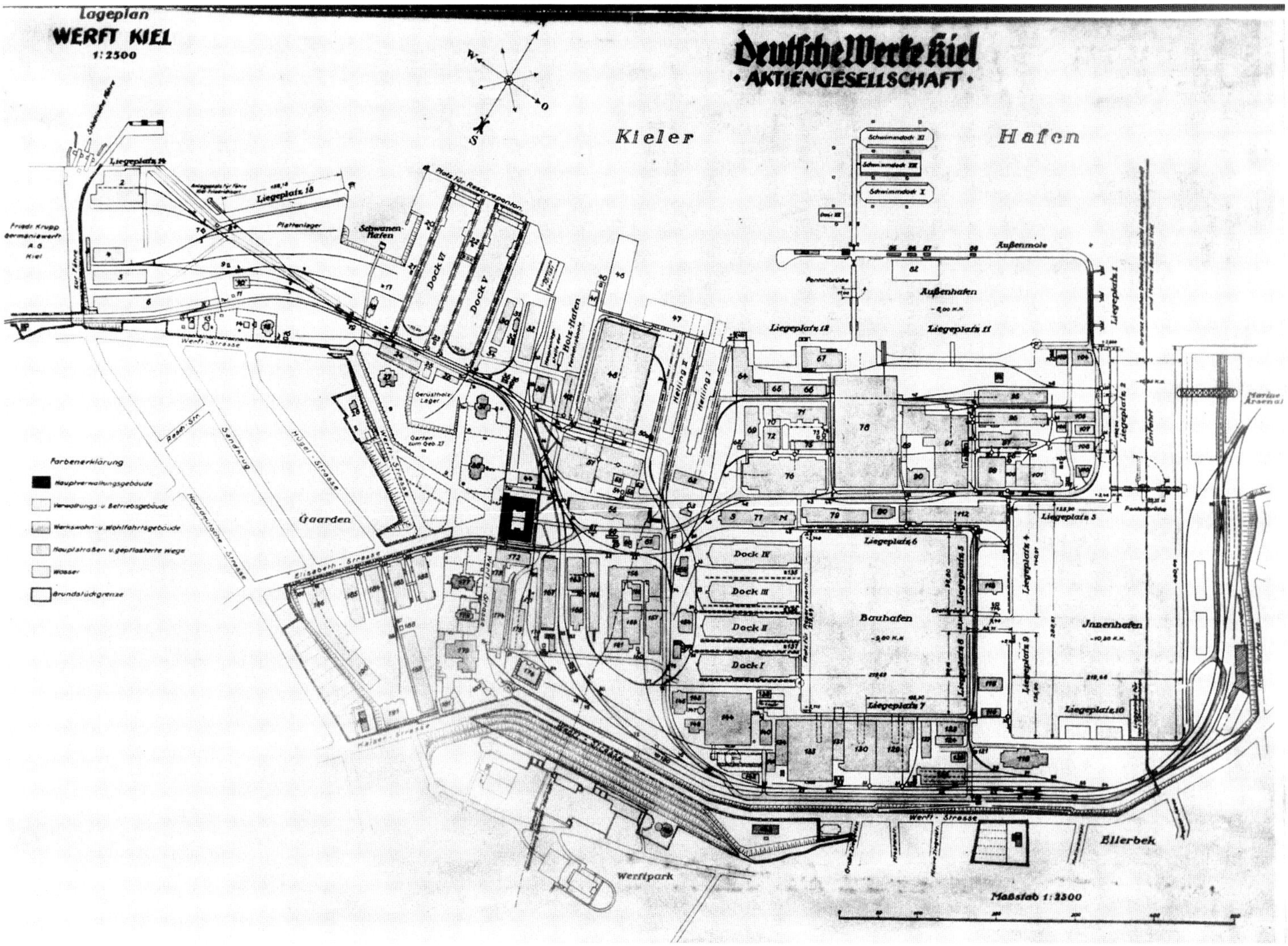

Lageplan der Deutschen Werke A.G. Kiel, von denen ein großer Teil der Schiffe der Reichs- und Kriegsmarine gebaut wurde

T 22 - 36	Klarschiff zum G e f e c h t	- 1(1)-
K V Heft 5		- 1 -

Vorbemerkungen zu " Klarschiff zum Gefecht "

1.) Eintritt in das Gefecht

"Klarschiff zum Gefecht" wird gegeben durch ein langanhaltendes Klingelzeichen mit der Alarmglocke und durch Ausrufen: "Klarschiff zum Gefecht".

"Alarm" wird gegeben nur durch anhaltendes Klingelzeichen mit der Schottendichtalarmklingel.
Der Ruf "Alarm" von jedem wiederholt und weitergegeben.

Beendigung
Durch "Alarm beendet"
oder "Klarschiff zum Gefecht beendet".

a) Mannschaft

Sie besetzt bei "Alarm" oder "Klarschiff zum Gefecht" mit höchster Geschwindigkeit die Gefechtsstationen.
Bei Treffern ist mit Ausfall der gesamten Klingel- und B u M Anlage zu rechnen.
Es muß daher sichergestellt sein, daß im Hafen und beim Kriegsmarsch bei starken Erschütterungen oder Detonationen die auf Treffer schließen lassen, ohne besonderen Befehl sofort die Gefechtsstationen besetzt werden und der Klarschiffverschlußzustand überprüft wird.

b) Waffen

Alle Waffen werden besetzt. Alle Erleichterungen des Kriegsmarsches aufgehoben. Meldung der Waffenleitung an Schiffsführung, daß Klarschiffstationen sämtl besetzt sind.

T 22 - 36	Klarschiff zum G e f e c h t	- 2 -(1)
K V Heft 5		- 2 -

c) Bootskörper

Es wird an allen Stellen selbständig der Klarschiffverschlußzustand überprüft. Verkehrsschotten dürfen nur von Masch Gef Gruppen und Munitionsmannern in dringenden Fällen kurzfristig geöffnet werden.

2.) Fliegerangriff

a) Befehl: "Fliegeralarm". Durch Fernsprecher und Klingelzeichen (F .. __ .) mit Alarmglocken.

b) Verhalten der Mannschaft: Wie bei "Alarm" und "Klarschiff zum Gefecht". Die Masch Gefechtsgruppen treten unter Deck und halten sich dort klar zum Einsatz.

c) Waffen: Sämtliche Flugzeugabwehrwaffen werden besetzt.

d) Bootskörper: Es wird an allen Stellen selbständig der Klarschiffverschlußzustand überprüft. Verkehrsschotten dürfen nur von Maschinengefechtsgruppen und Munitionsmannern in dringenden Fällen kurzfristig geöffnet werden.

3.) Während des Gefechts

a) Es ist von der Schiffsführung dafür Sorge zu tragen, daß unter allen Umständen und zu jeder Zeit eine Unterrichtung aller Stellen über die jeweilige Lage übermittelt wird. Die psychologische Wirkung guter Unterrichtung bei der Mannschaft stellt einen nicht zu unterschätzenden Gefechtswert dar.

b) Jeder Soldat muß wissen, in wessen Händen und wo sich die Schiffsführung befindet.

c) Größte Ruhe in allen Befehlswegen (Fernsprecher, Sprachrohr).

Anweisung «Klar Schiff zum Gefecht» aus den Unterlagen des Kreuzers «Blücher» (s. auch S. 166)

(s. auch S. 166)

d) Nur wichtige Befehle durchgeben, Läufer als Befehlsübermittler melden ausschließlich dem ältesten im Raume anwesenden Vorgesetzten.

e) Müssen Kommandos der Schiffsführung durch einen Fernsprecher (oder Sprachrohr) anderer Waffen gegeben werden, so haben diese Kommandos vor allen anderen Befehlen Vorrecht.

f) Während der Gefechte sind - wenn es die Umstände zulassen - alle wichtigen Daten und Vorkommnisse in der Anlage zu notieren. Die Kriegstagebücher sollen genauestens während dieses Zeitabschnittes geführt werden. Alle Aufzeichnungen und Beobachtungen später an die Schiffsführung und L J geben.

4.) Gasgefahr

Befehl: "Gasalarm" Gasmaske aufsetzen.
Weitere Maßnahmen siehe Heft 7, Teil D, Abschn 4.

5.) Feuer

Selbst löschen. Wenn eigene Kraft nicht ausreicht, Leckwehr bzw Masch Gefechtsgruppen mit heranziehen.

Vormerk: Jm Kriegsfall bekämpfen das Feuer nur die Leckwehr und Masch Gef Gruppen, evtl verstärkt durch seemännisches Personal, wenn diese Gruppen nicht ausreichen.
Gefährdet das Feuer das ganze Boot: Sofortmeldung an L J u Schiffsführung. Der L J muß nötigenfalls selbst die Feuerbekämpfung leiten.

6.) Wassereinbruch

Kleine Lecks selbst dichten. Sonst Hilfe der Leckwehr u Masch Gef Gr anfordern.
Befehl: "Schottendicht" nur bei Gefahr des Sinkens durch Schiffsführung.

7.) Selbstversenken siehe auch K V Heft 6 "Lecksicherung"

a) Befehl: "Boot klarmachen zum Versenken".
Sprengpatrone ausbringen. Alle Verschlüsse mit Ausnahme der Bodenventile öffnen. Eine Maschinenwache bleibt in den Räumen und hält den Betrieb aufrecht.

b) Befehl: "Boot versenken, alle Mann aus dem Boot".
Alle Bodenventile öffnen, Sprengpatronen anschlagen.

c) Geheimsachen gesondert in beschwerte Säcke oder in den an Bord befindlichen Eisenkästen über Bord werfen.

8.) Gefechtspausen nach dem Gefecht

a) Waffenleiter reichen kurze, erschöpfende Meldungen an Kommandanten über Störungen, Personalausfälle und weitere Bereitschaft der Waffen ein.

b) Eingetretene Störungen soweit wie möglich mit Bordmitteln beseitigen, oder eindämmen.

c) Jeder Soldat meldet sich nach Totalausfall seiner Station bei dem Gefechtsgruppenführer seines Bereiches. Dieser bestimmt seine weitere Verwendung.

9.) Standhaftigkeit

Auf der Gefechtsstation ist Standhaftigkeit höchstes Gesetz: Jeder Vorgesetzte und Mann muß davon überzeugt sein, daß sein Ausharren auf der Gefechtsstation für die Bekämpfung und Einschränkung der Trefferwirkung das erste Erfordernis ist, daß auch nach Ausfall aller Anlageteile sein - wenn auch teilweise überfluteter-Raum zur Aufrechthaltung der Schwimmfähigkeit unbedingt gehalten werden muß.

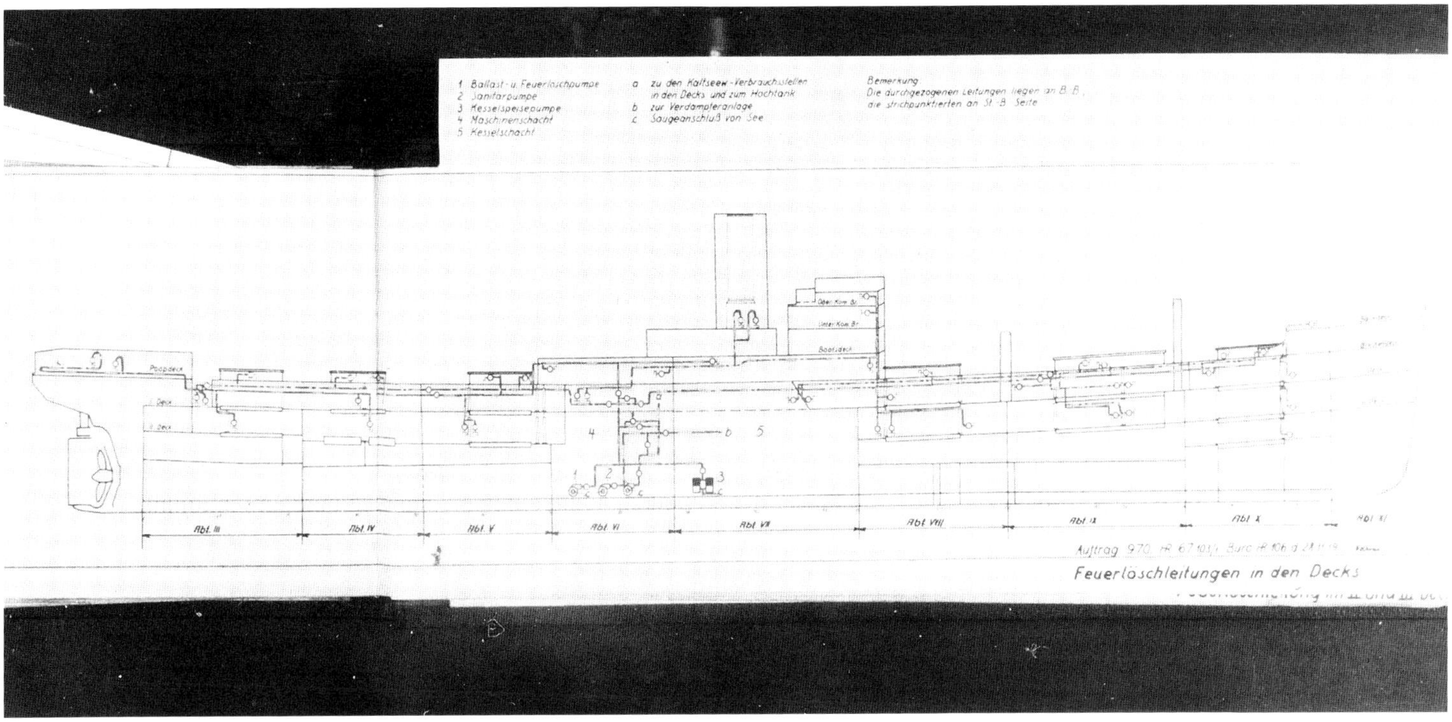

Seite aus dem Skizzenbuch des Hilfskreuzers «Orion» (ex «Kurmark»). Er wurde ab 1942 als Werkstattschiff und ab Januar 1944 als Artillerieschulschiff mit dem Namen «Hektor» eingesetzt

Stapellauf von Z 26. Er sank im Gefecht nördlich von Murmansk

Beschädigte «Lützow» in den Deutschen Werken Kiel. Nachdem das Schiff im Gefecht mit norwegischen Küstenbatterien drei Treffer erhalten hatte, wurde es auf dem Rückmarsch am 11. April 1940 von einem britischen U-Boot torpediert.

Trotz abgeknickten Achterschiffs, Ausfall von Ruder und Schrauben und 1 300 t Wasser im Schiff gelang es, die «Lützow» in die Werft zu schleppen

Vorschiff von S 26 nach einer Havarie, bei der ein Gefechtskopf abgebrannt ist

Schornstein und Bordflugzeuge der 1940 eingedockten «Lützow»

S 27 1940. Das Boot wurde in das Schwarze Meer verlegt und ging hier durch Eigentorpedierung verloren

Vorschiff und Ruderhaus von S 30. Die Torpedorohre sind noch nicht eingebaut

Vorderer Motorenraum von S 30, vom mittleren Maschinenschott aus gesehen

Hinterer Motorenraum von S 30. Blick auf den BB-Motor

Fahrstand des BB-Motors auf S 30 und Durchblick nach achtern

Unteroffiziersraum auf S 30, von der vorderen Toilette aus gesehen

Gang unter dem Ruderhaus zum FT- und Kommandantenraum auf S 30

Blick in die Kombüse von S 30

S 36 am 12. Juni 1940. Blick auf das Steuerhaus und den offenen Kommandostand

MG-Stand von S 36

Maschinenraumaufbauten zwischen Ruderhaus und Mannschaftsraumaufbau von S 36

Nur für Abschriften und bei den Akten verbleibende Ausfertigungen bestimmt

Für Schiffe mit Deck. Formblatt A.

Deutsches Reich.

Schiffsgattung:	Namen des Schiffes:	Unterscheidungs-Signal:	Nationalität: / Heimatshafen:
Dreischrauben-dampfer	" Tirpitz"	D. T. R. Z.	Deutsch / Wilhelmshaven

Schiffs-Meßbrief.

Schiffsbeschreibung.

Erbauer: Kriegsmarinewerft	Anzahl der Decks: 3	Wegerung: In den Wohnräumen: Blech
	Beschaffenheit des obersten Decks: In einer Flucht	
Monat und Jahr des ersten Stapellaufes: 1.4.1939		Form des Bugs: Überfallend
Erbauungsort: Wilhelmshaven	Anzahl der wasserdichten Querschotte unter und über dem Vermessungsdeck: 21	Form des Hecks: Kreuzerheck
Baumaterial: Stahl		Anzahl der Schornsteine: 1
Bauart: Querspanten u.Längsbänder durchw.m.Doppelboden	Anzahl der Wasserballastbehälter mit Ladeluken: Keine	Anzahl der Masten: 2
		Takelung: -

Identitäts-Maße.

1. Die **Länge des Schiffes** zwischen der hinteren Fläche des Vorderstevens ~~bis zur hinteren Fläche des Hinterstevens~~ (bei Schiffen mit Patentruder bis zur Mitte des Ruderherzens) auf dem obersten festen Deck beträgt . . . . . 235,00 m
2. Die **größte Breite des Schiffes** zwischen den Außenflächen der Außenbordsbekleidungen oder der Berghölzer beträgt . . . . . 36,00 m
3. Die **Tiefe des Schiffsraumes** zwischen der Unterkante des obersten festen Decks und der Oberkante der Bodenwrangen neben dem Kielschwein bzw. der oberen Fläche des inneren eisernen Doppelbodens, wo ein solcher vorhanden ist, in der Mitte der nach 1 ermittelten Länge beträgt . . . . . 13,66 m
4. Die **größte Länge des Maschinenraumes** einschließlich der etwa vorhandenen festen Brennstoffbehälter zwischen den diese Räume begrenzenden, von Bord zu Bord reichenden Schotten beträgt . . . (14,00 + 27,90 + 13,90) . . . . . 55,80 m

Vermessungs-Ergebnisse.

Brutto-Raumgehalt.	cbm	Abzüge.	cbm
1. Raum unter dem Vermessungsdeck	57741,644	I. Hinsichtlich der Räume für Treibkraft	25527,375
2. Raum zwischen dem Vermessungsdeck und dem darüber befindlichen Deck	15326,574	II. Mannschafts-, Navigierungsräume usw.:	
3. Raum darüber zwischen dem 1. und 2. Deck	-	1. Räume für Seeleute, Heizer, Deckoffiziere, Köche, Aufwärter usw.	15587,677
4. Maschinen- u. Kesselschächte über Oberdeck	-	2. Räume für Offiziere, Maschinisten usw.	1849,376
5. Quarterdeck-Kajüte oder Achterdeck-Hütte (Poop) . .	-	3. Ruderhäuser, Kartenhaus usw.	2753,438
6. Back	-	4. Segelraum	-
7. Räume unter dem Brückendeck	-	5. Bootsmannsvorräte	161,375
8. Halbdeck	-	6. Räume für Wasserballast	2482,002
9. Sonstige Räume	6704,828		
10. Der in Anrechnung zu bringende Inhalt der Ladeluken	-	III. Räume für den Schiffsführer	73,021
Brutto-Raumgehalt	79773,046	Summe der Abzüge	48434,264

	cbm	Reg.-Tons
Brutto-Raumgehalt	79773,046	28159,885
Abzüge	48434,264	17097,295
Netto-Raumgehalt	31338,782	11062,590

Schlußergebnis der Vermessung:	cbm	Reg.-Tons
Brutto-Raumgehalt	79773,0	28159,89
Netto-Raumgehalt	31338,8	11062,59

Über die vorstehende nach der Schiffsvermessungs-Ordnung vom 1ten März 1895 von der Vermessungsbehörde zu Wilhelmshaven am 22ten Februar 1941 beendete Vermessung nach dem vollständigen Verfahren wird dieser Meßbrief ausgefertigt.

Wilhelmshaven, den 24ten Februar 1941.
Die Vermessungsbehörde
Kriegsmarinewerft
Der Oberbaudirektor
gez. B u r k h a r d t

Bemerkung. Folgende Aufbauten auf bzw. über dem Oberdeck sind als **offene** Räume angesehen und daher in obigen Brutto- und Netto-Raumgehalt **nicht** eingemessen worden:

Schiffsmeßbrief der «Tirpitz», die Höhe- und Endpunkt des deutschen Großkampfschiffsbaues darstellte

Aufnahmen vom Werftmodell der «Tirpitz»

Verlegung von Booten der Kriegsmarine auf das Schwarze Meer, hier mit der Eisenbahn

Bootsverlegung auf der Autobahn mit Hilfe von Tiefladern. Die Transporte führte die Deutsche Reichsbahn durch

Nicht jeder Transport verlief reibungslos, wie diese Aufnahme zeigt

S 55. Dieses Boot wurde im August 1940 in Dienst gestellt und ging im Januar 1944 verloren

S-Bootbau auf der Gusto Werft, Schiedam für die Kriegsmarine. Deckansicht von S 151, S 152 und S 153

Vorderansicht von S 152

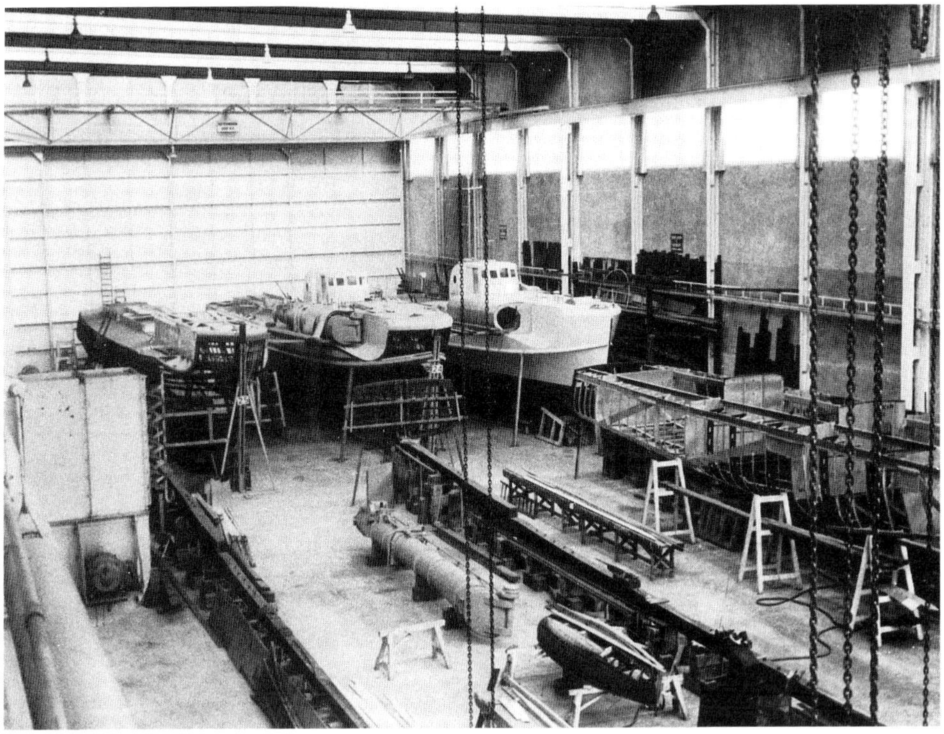

Halle der Gusto Werft. Vorn die Spanten und Kiele von S 154, S 155 und S 156

Stapellauf von S 151 am 1. Dezember 1941

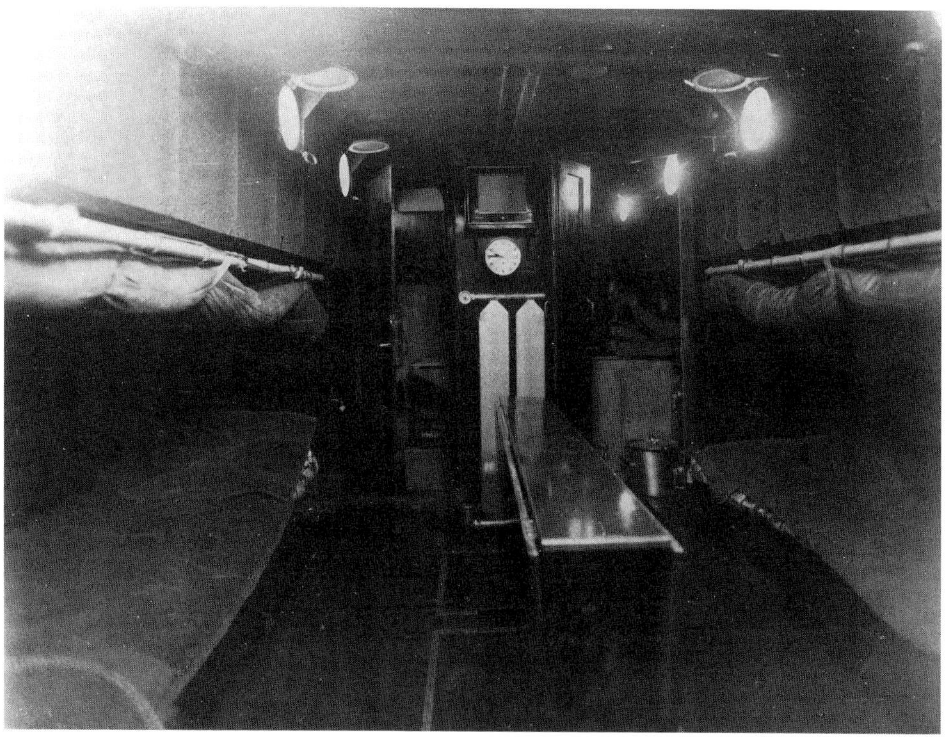

S 153 verschießt einen Übungstorpedo

Mannschaftsraum auf S 151 mit Durchblick zur Kombüse

Motorenraum von S 153

Boote vom Typ «Flottentorpedoboot 39» wurden ab 1941 gebaut und ab 1942 in Dienst gestellt

E-Werk 1 auf einem Boot vom Typ «Torpedoboot 39», von BB nach StB gesehen. Im Hintergrund des Mannloch zum Kofferdamm, oben der Ablüfter

E-Werk 1 auf einem Boot vom Typ «Torpedoboot 39», von vorn nach hinten gesehen. Im Vordergrund der Diesel-Dynamo. Im Hintergrund links die Schalttafel für die Torpedoluftflaschen

Turbo-Raum auf einem Boot vom Typ «Torpedoboot 39», von StB vorn nach hinten gesehen

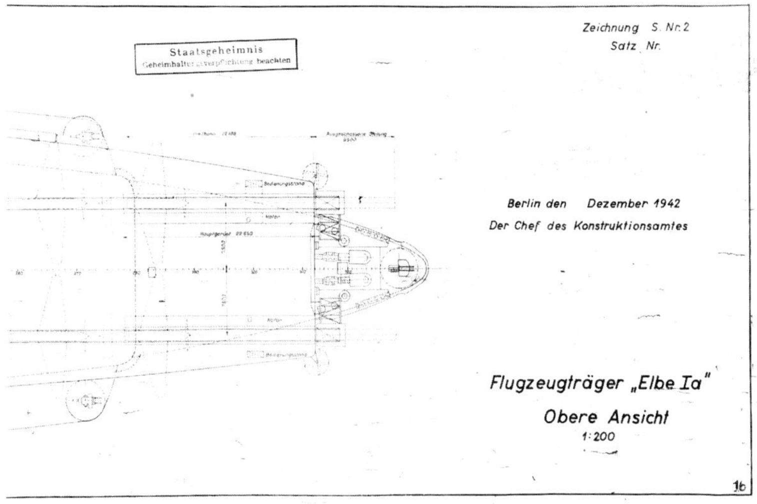

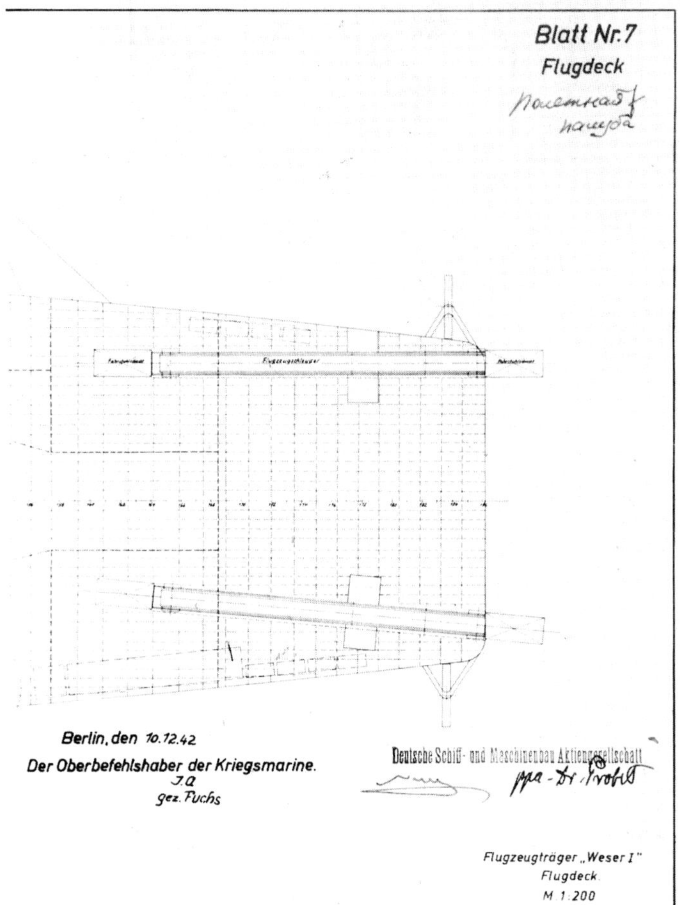

Versuche, den 1939 eingestellten Trägerbau während des Krieges wieder aufzunehmen, blieben unrealisiert. Die Aufnahmen zeigen Entwürfe, die, wie aus den Vermerken zu ersehen ist, von sowjetischer Seite ausgewertet wurden

ZISCH - Fahrzeuge, die eine größere Besatzung oder Last tragen müssen und als Hochsee - Fahrzeuge verwendet werden sollen,haben zwei Schwimmkörper. Diese sind durch den in der Mitte über dem Wasser befindlichen Fahrraum miteinander gekuppelt. Im Innern der Schwimmkörper sind die Motoren und Treibstoffe untergebracht. Der Fahrraum steht für Besatzung und Bewaffnung voll zur Verfügung.

bemanntes Modell (ZISCH 39)
auf Gleitern laufend.

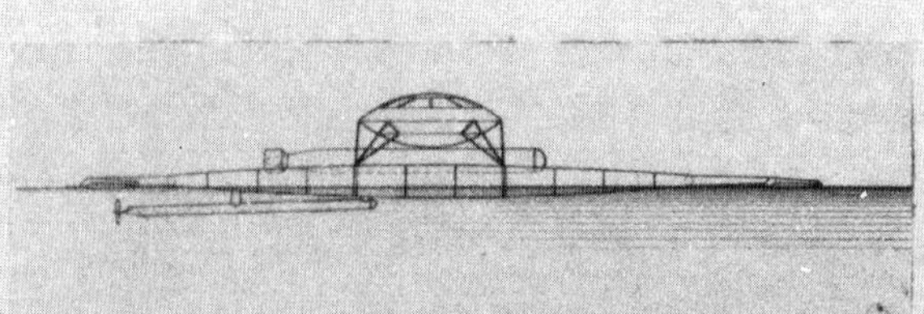

in Ruhe oder bei starkem Wellengang
als Verdrängungsboot schwimmend.
(mit längsgestreckten Gleiterbeinen)

Zweischwimmkörper-Fahrzeug auf
abgefederten Beinen gleitend,
als bemannter oder ferngelenkter
Torpedoträger.

Aufnahmen von Neuentwicklungen, die nicht zum Tragen kamen

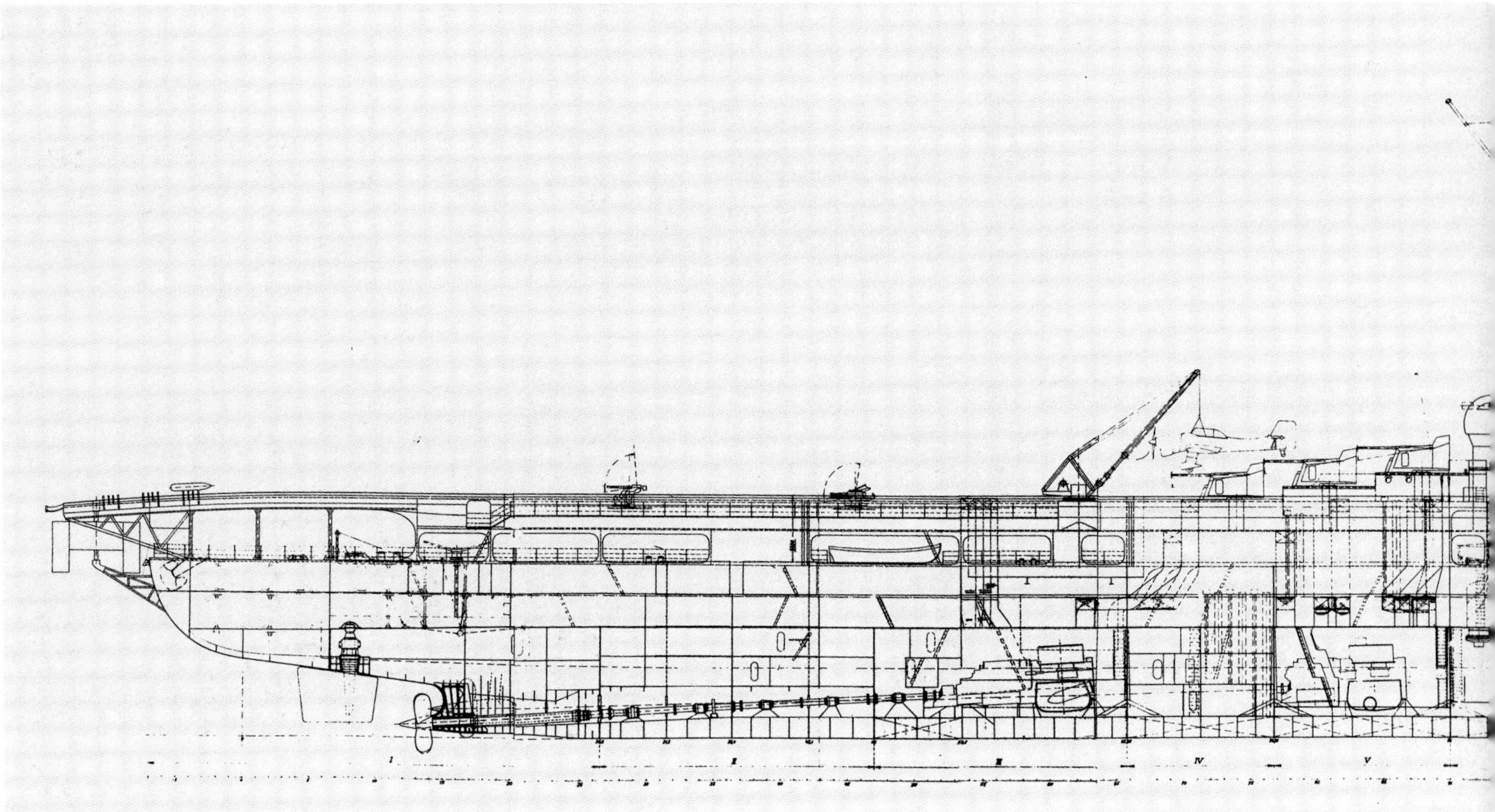

Flugzeugträger «Weser I» im Längsschnitt

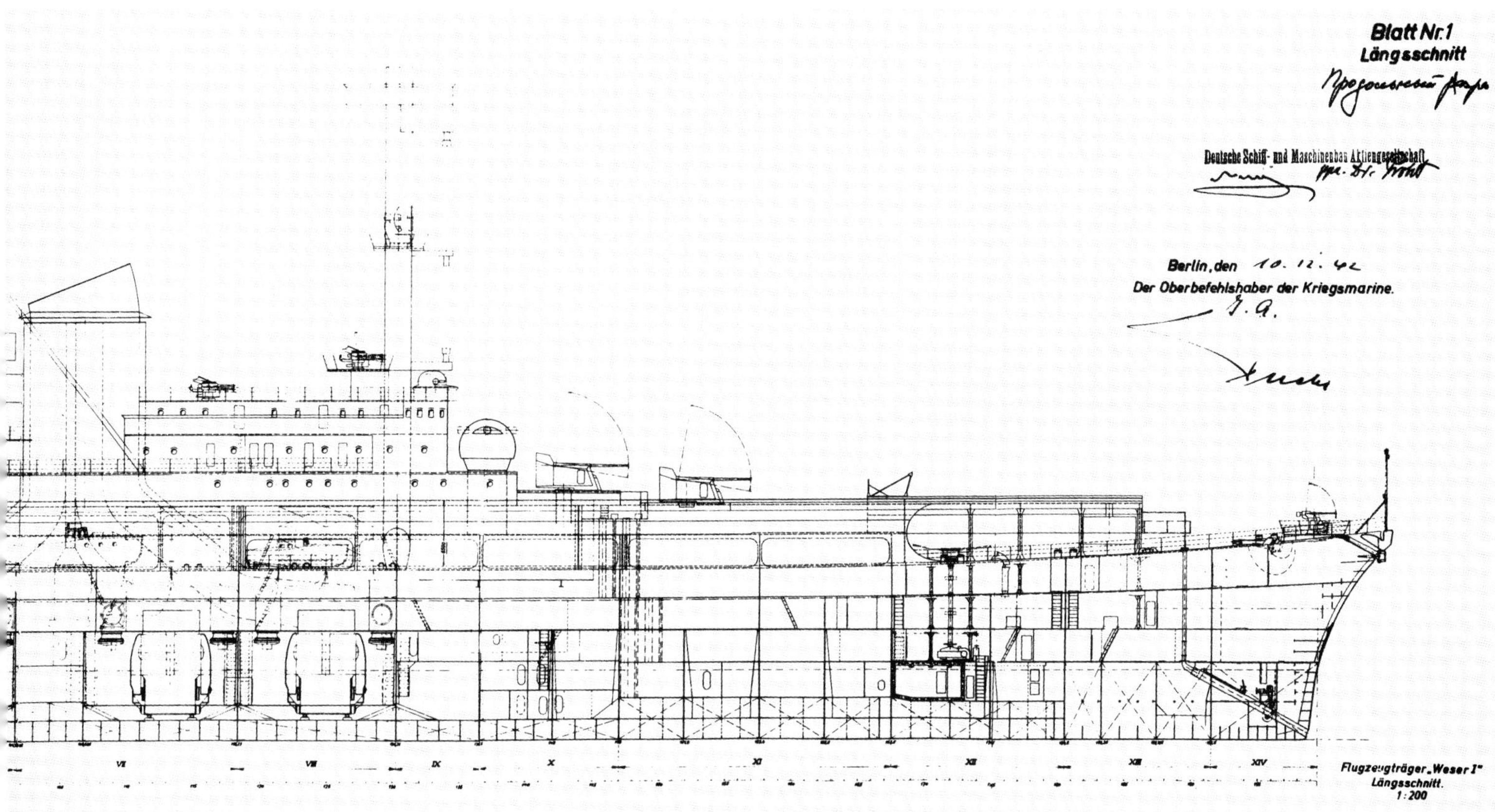
Blatt Nr.1
Längsschnitt
Deutsche Schiff- und Maschinenbau Aktiengesellschaft.
Berlin, den 10. 12. 42
Der Oberbefehlshaber der Kriegsmarine.
I. A.
VII
VIII
IX
X
XI
XII
XIII
XIV
Flugzeugträger „Weser I"
Längsschnitt.
1:200

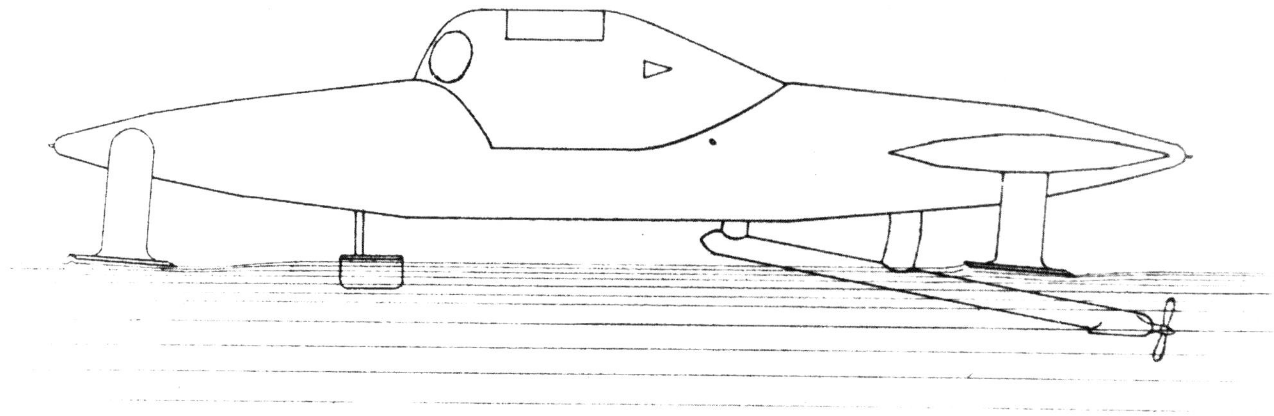

Sturmschnellboote und andere Entwicklungen, ähnlich dem hier abgebildeten «Zisch»-Boot wurden ebenfalls verstärkt entwickelt. Nähere Angaben über das hier gezeigte Boot enthalten die Akten nicht

Minenschiff «Elsass». Eines der vielen Fahrzeuge der «dritten Flotte». Es ging im Januar 1945 verloren

Fischdampfer «Lützow» während der Probefahrt am 30. September 1943. Er wurde von der Deschimag/Werk Seebeck gebaut

Nebelboot D 26 K am 20. Mai 1943

Vorpostenboot VP 1701 am 8. August 1942. Das Fahrzeug war am Abschuß eines Flugzeugs beteiligt, wie das Flugzeugsymbol an der Brücke ausweist

„Arcona":
Blick vom vord. Art:Leitstand auf das Vorschiff.

Nicht Großkampfschiffe sondern Hilfskriegsschiffe befanden sich von 1939–1945 ständig und überall im Einsatz

Medusa:
Blick vom vd. Scheinwerferstand auf das Vorschiff.

1:18

Medusa:
Blick vom hint. Scheinwerferstand
nach vorne.

Netzleger 3 «Uranus» vom Netzverband i am 23. September 1941

U-Jäger 175 («Perseus»/«Najade») am 24. März 1941

Vorpostenboot 1706, vormals norwegisches Walfangboot, Sommer 1944

Foto- und Quellenbeleg:
Alle Fotos und Reproduktionen
sind dem Bundesarchiv – Militärisches Zwischenarchiv Potsdam entnommen.
Benutzt wurden neben der Filmsammlung im Potsdamer Archiv
ausschließlich die Akten des Bestandes Hauptamt Kriegsschiffbau.
Ferner sind Akten aus den Beständen des Bundesarchivs Koblenz
und des Bundesarchivs-Militärarchiv Freiburg herangezogen worden